30秒

梁金梅
黃正昌 著

30秒打動人心說話術

38招瞬間攻心祕技，教你暢所欲言，成功說服所有人。

推薦序

趣味橫生的說話術

何飛鵬（《自慢》系列暢銷書作者）

這是一本寓教於樂的說話技巧書，作者梁金梅、黃正昌老師以他們從事業務、銷售多年的資歷，以及所見各類人物、所處行銷人際關係，提出諸多有趣、好用的說話藝術，尤其針對何時何地，面臨怎樣的環境？面對什麼樣的人物該當如何說話？以至於如何說出得體、動聽又令人心悅臣服的話，無不「挖心掏肺」詳加說明。

這不僅是行銷成功案例的經驗傳承，更是一門說話技能的演出藝術，讀他們娓娓道來一篇篇有關如何把一句人際交往中普通的話語，說到人的心坎的文章，表面看來好似強詞奪理，好比巧言令色，卻句句充滿趣味橫生的行銷哲理；無論行銷產品、行銷個人，甚或行銷觀念，他們都能掌握經驗中的精髓，把說話的技術說得巧、講得妙，外加慣於使用實例和故事的方式，他們把語言技能處理得讓人拍案叫絕，讀之收益良多。

孟子說：「予豈好辯哉，予不得已也。」這本關於人際關係說話術的書，梁金梅、黃正昌老師運用經驗法則，從不同層面的開場白、踩話頭、虛張聲勢、轉移話題等各類型的說話藝術，巧妙的引導讀者如何面對講道理或不講道理的客戶，如何應對說話囂張跋扈的老闆和工作態度捉摸不定的下屬，更且將如何說好話、說好聽的話的本質，自商場、職場、友誼，發揮到婚姻、家庭生活中。

在各篇文章中，他們強調毋需採行「好辯」的說話模式，更不必一味強詞奪理的跟客戶為了一分錢或一點利益爭得面紅耳赤，從而獲取強制性的勝算，且深諳「成功不必在我」的道理，只是說出適當與適宜、溫和與溫暖的話，便能輕意博取使客戶折服的「伎倆」罷了。

本書最為特別的地方，在於分門別類說出恰當話意的篇章裡，應用說故事、舉案例的方式，讓讀者從中得到說話行事可以輕快迎刃解決問題的奧義，故事簡明扼要，讀來趣味十足；案例清晰有序，讀來心有戚戚焉，無形中獲益匪淺。

說出人人愛聽的好話有那麼困難嗎？不必低聲下氣的說出心甘情願的話有那麼彆扭嗎？這本多面向、多方位的說話技能書，誠懇而細膩的推展使人際關係更和諧、更綿密的說話本，掌握要點細讀，必將受用無窮，效益碩大。

名家推薦

★魚　夫（作家、漫畫家、電視節目主持人）

台灣人有句話，稱讚一個人很會說話叫「鑽石嘴」，這像這本書的書名《30秒，打動人心說話術》，作者梁金梅、黃正昌就是要跟您分享什麼叫「鑽石嘴」。說話真是一門很高深的藝術。二十餘年前，我曾指導一位現在位居高層的政治人物「演講術」，我不是好為人師，而是他當年的出道演講，在我聽來實在一點感動也沒有，論語有云：「夫人不言，言必有中」，朱熹也說：「言不妄發，發必當理」既要演講，而無法爭取觀眾認同，那又何必走上政治這條路？

過去我因擔任過電視台總監和主持人等，而被呼為「名嘴」，我對這個字眼很反感，覺得非常負面，現在電視上的「名嘴」語不驚人死不休，而且說話不貼郵票，也不掛號，全不負責，更有甚者含著骨頭露著肉，不清不楚，故意引人遐想，而以壞人名節爭奪收視率為目的，上帝生人一張嘴，兩片皮，古人講究：言而當，知也；默而當，亦知也，話說太多，不一定能爭取認同；不說話，適時沉默，亦非無話可說，引而不發，反躍如也。

在這本書中，我特別喜歡其「幽默的技巧」的章節，一般人遇有話要說，乃提高分貝，一付「予豈好辯哉？予不得已也」，非得要把對方的聲音壓下去，才算制「敵」於死地，因此發展出一種很會罵人的文化，我讀過一本書，說華人（不分中國人或台灣人）是全球語言裡最多罵人語彙者，男人很勇敢，用的多是動詞，三字經就有好幾重問候人家老母的「姿勢」；女人則是形容詞，諸如殺千刀、死路邊者流；罵人的順序，從人家的祖宗八代罵起，乃至於厝邊隔壁、信仰的神明，再回到兄弟姊妹等，據專家考證，中華男兒罵人，有四百多種「口技」，女人比較含蓄，但也有三百多種。

我有一回去上海，見一對男女吵架，大街上一大群人圍觀，當地朋友笑稱，您現在搭飛機去北京逛一圈，再回來，他們一定還在吵，我問會不會打起架來？朋友居然說：君子動口不動手，我泱泱大中華乃愛好和平的民族也。

妙唱非關舌，多情豈在腰？也或許我是漫畫家，總覺得鑽石說話的藝術裡，幽默是不可少的，不必當面鼓、對面鑼的非要殺得刀光劍影，反之，轉個彎、繞個圈，多一點幽默，留下緩衝的空間，日後好相見。

不過，講之功有限，習之功無已，您還是來看看這本書，練習、練習吧！

★何戎（好消息電視台「幸福來敲門」節目主持人）

說好話說對話，一切好說話！

說話，是需要「學習」的，說好話，說對話，更需要「練習」！

認識正昌、金梅，是因為某次他們一同前來參加我和老婆 Kelly 在好消息電視台 Good TV 主持的「幸福來敲門」節目，眾多來賓當中，我對正昌、金梅的印象極為深刻，更發現，他們是不折不扣的「說話高手」。

每一次，我們請他們發言，他們總能在短短一兩分鐘的分享裡，言簡意賅，切中要點，還能讓現場所有人不時被幽默詞語逗得開懷大笑。正昌很會自我調侃，或是舉出令人噴飯的好笑實例，取代眾所周知的大道理。後來我才知道，就因為很會說話，正昌不但是太太的開心果，更是同事中的說話達人和笑話冠軍。當然，這也使得他們成為我們節目的常客。

這麼會說話，難怪正昌、金梅在業務工作上，常能有傲人的業績，畢竟，對別人總是常常說好話、說對話，讓聽見你話的人能得到益處，這些人對你，自然一切也就好說話。

恭喜正昌、金梅出書，願意不藏私地把他們多年來累積的說話功力分享給所有人，想學說話，這本書將會是很棒的參考。

★劉樹崇（美商亞洲美樂家有限公司大中華區副總裁 暨台灣分公司總經理）

作者黃正昌、梁金梅老師從事多年的圖書業務銷售與管理工作，現從事美商環保產品的美樂家公司執行總監，從他們的實戰經驗來分享有效的談話術，可以說是提供給從事業務工作者的一把鑰匙，在碰到各種不同型態的顧客與問題時，打開許多環節，茅塞頓開，增進了成功銷售機會，這本書的實用價值非常高。

其實身為一位業務工作人員，基本的工作就是把服務或商品推銷出去讓顧客買單，因此最重要的條件是他必須具備了專業知識與說服能力，專業知識是各行各業本來就應具備的基本功，若無法把自己的產品具體陳述給顧客，第一關就會被顧客淘汰；因此理性的顧客會比較同質性的產品特性價值與服務面，這些都是常見的場景，在書中已列舉「遇到講道理的人」，與「很有原則的人」如何應付。除了理性顧客的處理外，我認為作者在書中更是很精彩的舉出許多很棒的案例來探討「感性」的一面，像「讚美、鼓勵的技巧」，「舉例說故事、說實話的技巧」，若能活用書中這些案例與話術，一定能打動顧客感性的芳心。

大家都清楚任何一位顧客要掏錢買您的產品時，除了品牌的認知外，最重要一關仍在先相信您，先取得信賴才會給您介紹產品的機會，所以我願意補充說明，一位傑出的銷售人員，起心動念的誠意出發點是最重要的，顧客不一定會喜歡最好最貴的產品，但是遇到一位又專業又懂人心及誠意十足的業務員，卻能讓顧客掏出更多錢來買附加價值高的產品，所以我深信一位優秀傑出的業務員需具有「德術兼備」的修養，必能開創一片燦爛的天空。

★謝玲琴（富足系統首席顧問）

與金梅認識多年，她是個心地善良、肯上進、努力工作的女人。從事十多年的業務工作，實戰經驗豐富，面對挫折、問題，都樂觀面對，且積極正面去解決。月有陰晴圓缺，人有旦夕禍福，一年多前，金梅發現自己罹患癌症第四期，她絲毫不畏懼，勇於接受一連串的治療，忍受化療中身體上的病痛，身為朋友的我們很不捨，更心疼。最近喜見她病情趨於穩定，在生病中又積極出書，活在當下、迎接未來，祝福她身體健康。

★翁子晴（立光科技執行副總）

我眼裡的正昌：舞台上，他幽默風趣的頂著萬能搜索雷達，充分的在講演中連結著妙趣橫生的生活故事，總能將枯燥的課程內容詮釋的活靈活現，且讓人捧腹大笑；生活中，機智的反應搭配細膩的心思，讓他的生命與愛情有了更繽紛的色彩。我在一旁靜觀他的奔放與內斂，尤其喜怒哀樂均能透過說話的藝術塑形，如此願意讓生命炙熱發光的益友，豈能錯過。

★張惠美（佑林集團執行長）

有位大師對我說：「你這輩子最好最壞的都讓妳遇到了」，這句話套在他們夫妻倆的人生更是貼切。金梅外表年輕貌美，人生閱歷深厚，走過高低起伏，尤其長年服務於教會，十多年圖書業務經驗，在美樂家的成就，與人相處圓融和諧，言行一致，可圈可點，如今出書《30秒，打動人心說話術》保證精彩絕倫，惠美在此慎重推薦，一定要看。

★吳豪東（藍海集團執行長）

認識正昌、金梅賢伉儷，因為共同的行銷出版背景，對人生觀、業務觀，有很多的共鳴與感慨，尤其在業務挑戰的過程中，磨練出驚人的耐挫力。不管遇到多大的困境，夫妻倆總是以積極的心態，迎向一切考驗，也因為歷經許多人生的轉折，塑造了他們獨特的思維與表達能力。有人讚嘆他演講的天賦與幽默，是與生俱來的，其實我知道，即使面對嚴峻的寒冬，他們對生命懷抱的熱情始終不變。

★吳棋勝（中醫師、組織行銷首席講師）

溝通應該是每個人的終身大事，每一天睜開眼睛，看見人就得開口說話，說話確實是一件大學問與藝術。會說話的人，處處左右逢源、如魚得水，增加了很多助援。不會說話的人，就會令家人、朋友反目成仇，到手的生意不翼而飛，更常常得罪人而不自知。今天我們有福了，溝通大師正昌、金梅老師，出版了《30秒，打動人心說話術》。將兩位老師畢生實際的對話經典例子，都收納在此書中，我相信這會對讀者，無論是與家人、朋友的相處，或商場上的溝通技巧，助益匪淺！這本書確實與眾不同，價值非凡。在此特別推薦給我們的好朋友。

★陳世榮（長榮系統執行長）

很榮幸推薦正昌、金梅的新書。正昌擁有非凡的文采與迷人的口才，說、學、逗、唱樣樣精通，一到台上更會讓台下聽眾目不轉睛、熱情互動，簡直就是天生的表演家。金梅外表溫柔婉約、清純秀麗，但任何人一旦與其四目交會，無不被她溫柔又堅定的眼神所吸引，再輔以清新俏皮的言語表達，可謂達到真正不銷而銷的最高境界，這一對不僅是偶像派，更是實力派的神鵰俠侶，他們的新書肯定會讓大家大大豐收！

★連啟文（前卡內基訓練上海副總經理）

業務能力極強的小梅，說唱逗笑表演功力深厚的正昌夫妻，是我認識的朋友中，最具「夫唱婦隨」資格的一對佳偶。

如今能將其多年經驗，集結成書，這是博愛精神，相信將為社會帶來希望與成長。

★陳煥庭（卓越人生企管顧問公司負責人）

「表達力」就是「競爭力」。多年來授課訓練的經驗中發現，良好的溝通技巧，能讓顧客易於接受你的觀點，購買你所推薦的商品，不單提升業績，更可創造彼此雙贏。

正昌和金梅這對夫妻以他們從事業務多年的經驗，運用多元的案例、豐富的情境對話，讓這本實用書簡明易懂，十分值得推薦。

★戴坤益（基督教台灣貴格會聯會主席）

一句話說得合宜，如同金蘋果掉在銀網子裡！這句名言是形容：一句話能使事情完全改觀，更甚者可以有起死回生的功效！使失敗者邁向成功之路，也能使一個無望者看見陽光！當然，相反的情況也會「非常恐怖」的發生，這本書正是告訴你在正確的時間點，說正確的話！讓你成為人人喜歡的人，擁有這本書並實行書中所教導的方法，你離成功不遠了！

Contents

目錄

祕笈篇

應用篇

公關高手不會告訴你的10項說話密技　097

Contents
目錄

關係篇

30秒，打動人心的四大說話法則　197

前言

檢測自己該不該看這本書

1. 為什麼我說了實話，一樣不受歡迎？
2. 為什麼我讀很多書，也懂很多知識，卻表達不出來？
3. 你想知道，到底是要說她想聽的？還是說我自己想說的？

如果勾選其中一個問題的人，你就應該閱讀這本書了；當然！如果三個通通都勾選的人，你一定要將這本書當作聖經般，時時刻刻參考它！

| 祕笈篇 |

推銷高手的 14 個私藏技巧

第一招

光環的技巧

小張的爸爸老張生病了！小張準備帶爸爸去醫院看病，但老張硬是不肯，他向兒子放話：「誰知道那家醫院好不好？醫生好不好？藥吃了會不會好？」面對老張一連串質疑，擔心爸爸的小張想到一個對付老爸的絕佳方式。

小張說：「老爸您放心！我們的總統、副總統都是在這家醫院做健檢的，幫您看診的醫生，是副總統的主治醫生，所以您大可放心。」

老張半信半疑地詢問小張：「真的嗎？」小張拍胸脯地說：「總統、副總統掛保證的啦！」老張終於點頭答應了！

這就是借用名人光環的說話技巧，也是為什麼我們常看到某名牌產品邀請名人做代言，廠商藉由這些名人的高知名度來帶動商品，像是雷根糖、布希鞋、藍波刀……等都稱得上是名人光環下代言成功的商品；對消費者而言，或許原先並不相信某一品牌的冷氣機，但基於名人的社會形象所延伸的說服力，於是在對方強力推薦下，會有購買這款冷氣機的衝動。

這就是名人光環的魅力。

還有另一種常見的光環技巧，也是銷售人員最愛使用的戰術。

早期業務員在推銷叢書時，最常搬出「這一套書，某教授也很喜歡」的說法，同時業務員會把教授的訂單記錄拿出來，故意秀出某教授的名字出現在客戶成交名單記錄裡面，等看到客戶開始猶豫時，再補上「某律師也是我們的客戶」，然後再調出這位在律師事務所工作的律師訂單，通常客戶點頭成交的機率會大增！

以名人的光環做為促銷術，從孩子崇拜偶像的現象就能看出效果。

老王的兒子小華，最近特別喜歡看某一齣新兵訓練的電視劇，尤其對劇中的班長崇拜不已。因此，當老王苦勸挑食的兒子多吃青菜時，他便聰明地搬出小華最喜愛的新兵班長：「兒子，我知道你不喜歡吃青菜，可是人家新兵班長最喜歡吃青菜了，而且他就是吃了許多青菜才能長得那麼健壯喔！」

小華先是為難地看著餐桌上的青菜，接著，默默伸出筷子，把桌前的青菜夾到自己碗裡。

名人光環除了用在銷售技巧外，也適用於規勸他人。譬如，背誦一些名人的佳句，像是孔子曾經說過：「和慣於逢迎的人、工於阿諛奉承的人，以及花言巧語的人交朋友，便是對自己有害，所以你不要再交這些損友了！」

把孔子搬出來，不是自己捏造的，聽在對方耳裡也比較具有說服力。

好友阿昌想勸老張多看點書，但老張總是把「忙」當作不喜歡閱讀的藉口，壓根聽不進去阿昌的勸說，勸過幾回無效後，阿昌學聰明了。

一天，阿昌一邊翻閱雜誌，邊對老張說：「人家張忠謀以培根的名言『知識就是力量』做為座右銘，他說，再怎麼忙都要花時間閱讀！你呢？」

阿昌這次搬出大企業家張忠謀的例子，倒是讓老張無言以對，老張心想：「我再忙也不會比張忠謀忙，但人家張忠謀比我忙，每天還能抽出五個小時閱讀，令我感到汗顏，我實在無言以對！」

說話技巧

MEMO紙

推銷高手的不敗祕訣：名人用過的、名人穿過的、名人說過的、名人想過的……等，這些都是光環，都可以應用在說服、規勸或是銷售理念或商品上，效果十足。

第二招

虛張聲勢的恐怖訴求

三歲的貝貝發高燒了！媽媽剛好又不在家，貝爸很緊張，但貝貝不想打針，認為醫生開的退燒藥水又苦又大杯，始終不願意喝，貝爸實在拿她沒輒。

正在煩惱時，貝爸突然靈機一動，在貝貝面前假裝打電話給醫生：「周醫師，我女兒怎麼樣都不肯喝退燒藥水，……喔！你說只要打針就不用喝了嗎？好好……那要打幾針才不用喝藥水？喔！要打五針……還是用那麼大支針（貝爸假裝聽電話，邊做出好大一支針筒的手勢）可是如果她喝了藥水，就不用打針了！好吧，我看我女兒好像不是很想喝，那我待會帶她去打針了！謝謝周醫師！」

貝爸電話一掛，站起來假裝準備穿外套，貝貝很緊張地趕忙問他：「爸爸，你要幹嗎？」貝爸回過頭來看著她說：「帶妳去打針啊！我看妳不是很想喝藥水，與其喝得那麼勉強，倒不如帶妳去打針，反正等一下只要用力把妳抓住，讓醫生叔叔幫妳打針就好囉！到時痛的是妳，我又不會痛……走吧！」

貝貝一聽，馬上反駁：「我有說不喝嗎？」立刻抓起藥水往嘴巴裡灌，「咕嚕！咕嚕！」一下子喝掉一大半……忽然又停住了！貝爸乘勝追擊說：「ㄟ，要全部喝完才不用打針喔！」貝貝嘟著嘴回答說：「我不能休息一下嗎？」接著繼續把藥水通通喝完。

貝爸的說法，就是把虛張聲勢與恐怖訴求一併使用的例子，這兩種技巧對「不聽話」的小孩非常有用，尤其是虛張聲勢，套一句《孫子兵法》所述：「不能，而示之能。」這就是虛張聲勢最貼切的形容。

最常見的恐怖訴求，就是政府在香菸盒印上肺變黑或是變爛的照片，這是為了達到阻嚇的目的而使用較為強烈的手段；其實，鼓勵人、說服人或是提醒對方等目的，都可以運用恐怖訴求。

譬如，要鼓勵已婚婦女走出家庭，我們習慣採用恐怖訴求。根據統計（慣用的說服語，其實是根據自己的統計），沒有能力的女人最容易被老公拋棄、寵老公的女人下場都很慘，或是根據統計，通常有外遇、有小三的老公，都是因為太太沒能力、不懂得打扮自己等。

如果對方是自己熟悉的朋友，還會直接開玩笑地對她說：「小姐，妳到底幾年次？明明是五十八年次，看起來倒像是五十八歲，人家都在髮廊，妳卻在走廊……擦地板，要愛自己一點啦！根據統計，不懂得打扮自己的女人，她的男人外遇的機率較高喔！」這就是恐怖訴求的手法之一，用負面教材來提醒她們應該要多充實自己，提早防範家庭不幸福發生。

運用在業務時，不妨趁拜訪客戶當下，把刊登社會案件的報導放在顯而易見的地方，像是十五歲中輟生結夥搶劫、十三歲中輟生為了女友和金錢殺害父母……等新聞，不經意地跟客戶說，看看那些不愛讀書的中輟生，他們從小大都不愛看書；如果三歲前的小孩，都是買玩具給他、寵愛他，父母就要開始擔心了，因為將來登上社會版新聞的人通常都是這一類型的孩子居多。

由於客戶早一步瞄到你帶來的社會案件新聞，心裡已經產生陰影，接著又聽到恐怖訴求，為了避免孩子變壞，客戶買書的意願絕對會大大增加。

另外一種受用不錯的恐怖訴求，就是利用電視新聞播放的內容做為恐怖訴求的實際案例；像我們家女兒隨著年齡增長，長得亭亭玉立，為了安全起見，即透過電視播出的性侵新聞，運用恐怖訴求的方式提醒她，一個人在外要特別注意己身安全。

每次帶貝貝出門逛街，她總是愛跑來跑去，不跟在爸媽身邊，讓爸媽捏一把冷汗，直到有一回走在路上，貝媽看到一張貼在牆上的告示海報〈走失兒童訊息〉，趕緊對貝貝機會教育一番。

貝媽拉住貝貝，指著海報跟她說：「妳看，這些寫著『我要回家』的小朋友，就是像妳剛剛在商場裡跑來跑去，突然就不見的兒童，這些被壞人帶走的小朋友，不但被關到黑黑的房間裡，沒有wii可以玩，吊起來毒打，如果腳被壞人打斷，壞蛋還會把那些小朋友丟到路邊當乞丐。」

貝貝看著印在海報上，小朋友的照片，想了一下媽媽的話，開始害怕起來，神傷的告訴貝媽：「下一回我再也不敢了！我不要被壞人抓走。」

萬一遇到對方很鐵齒，或者是不見棺材不掉淚的人，最好還要在恐怖訴求中加上輔助工具，讓他們眼見為憑。

譬如現在空氣污染很嚴重，或是家中使用的清潔劑含有毒素，恐怕會造成人體傷害，甚至產生污染，但這些資訊可能有人不相信，我們的方式就是先向對方陳述強酸或強鹼對人體的傷害，再請客戶把家中清潔劑拿出來，利用試紙做測試，試驗結果，對方就能清楚看到那瓶清潔劑是屬於強酸或是強鹼，會不會對人體產生不良影響？

有些人就是不輕易相信別人說的話，他只相信眼睛看到的人事物，這時候，透過一些小工具，讓對方親眼看到你說的話屬實，而不是天花亂墜，眼見為憑就是一種最佳方式。

說話技巧 MEMO紙

推銷高手的不敗祕訣：眼見為憑，是對付鐵齒者的最佳方法。

第三招

處理難題的技巧

某天下午，客戶阿茂到店裡來看車，花爸過去招呼他，阿茂卻對他說：「我只是進來看看而已，我的車子才開六年，幹嘛現在就要換車？」

花爸明白，客戶今天肯踏進門來看車就表示有興趣，於是花爸立刻把難題丟回去，詢問對方：「那你覺得多久之後，才會想換車？」阿茂隨口回答：「再過個幾年吧！」花爸繼續問：「在什麼狀況下，你會考慮現在就換車呢？」阿茂想了一想，說道：「要看價錢吧！」花爸心想：「賓果！果然客戶是在考慮價錢。」

花爸乘勝追擊地套問：「如果你是考慮沒那麼多錢買車，而假設買車可以採無息方式付款呢？」阿茂有些心動，卻仍猶豫地說：「無息喔！可是我沒有頭期款啊！」花爸再問：「如果全額呢？或是六十萬元的車款，五十萬元是無息，十萬元我幫您設定最低利的方案呢？」阿茂低頭想了一下，過了約一分鐘時間，阿茂問花爸：「那……你能給的低利有多低呢？」花爸知道自己已成功勾起客戶買車的意願了。

處理難題時，一定要先解決小難題，再解決大難題，不要一次就解決大的；記得反問對方並抽絲剝繭，找出客戶猶豫不決的真正原因，再對症下藥，例如：客戶嫌貴，你跟他討價還價，永遠都只能在價格上打轉，結果實際上他在意的是款式問題，所以找出對方真正在意的關鍵問題，才能進行下一步。

不過，當對方丟出第一個難題時，建議最好先不要立刻回答。根據個人多年的業務經驗，當對方丟出第一個難題時，接下來還會有第二個、第三個等，接二連三的難題接踵而來，希望你能通通接受或解決這些難題，一旦你急著答應對方的第一個要求後，對方會再拿出第二個、第三個要求，希望你一併答應；例如：客戶嫌貴，當你解決完他的價格問題後，他又會說，可是這個樣式我不喜歡；等你幫他處理好其他款式後，他又跟你說，還要問老婆，到頭來你還是白忙一場。

通常的作法，應該先聽對方說明，這是第一步。當客戶丟出第一個難題後，再反問他：「如果我幫您想辦法解決這個難題，您還有其他問題嗎？假如有問題，可以一次提出，讓我可以通盤幫您解決所有的問題。」這是難題處理的第二招——反問。

譬如客戶說，這個東西太貴了！我們會反問他，你覺得多少才合理？所以解決難題的另一項技巧就是你要懂得問問題，有時候，把難題丟回給當事人，才是處理難題的最佳方法。

花爸一直不答應幫剛滿十八歲的小花買摩托車，小花問爸爸：「我到底該怎麼做，你才肯答應買車給我呢？」花爸對小花笑了笑，沒回答。

小花又拐了一個彎，對花爸一邊撒嬌，一邊提出假設性問題：「爸爸，當年你還沒有賺錢、還沒有收入，而想買東西時，都怎麼跟阿公爭取呢？你是做了什麼事讓阿公答應的？」花爸聽到小花問起陳年往事，忍不住跟女兒一起分享當時他說服阿公的輝煌戰績，於是，小花便如法炮製，最後花爸只得答應小花的要求。

難題處理必須注意技巧，就是要讓對方知道他將會獲得什麼好處。通常對方會丟出難題，就是因為他不知道這件事會讓自己得到什麼好處；譬如你想加薪，公司把難題丟出來「為什麼要給你加薪？」因為公司不知道給你加薪對他們有什麼好處，所以你要把自己的價值講出來，「公司加給我五千元薪資，一定可以從我身上得到超過五千元的利益」，這份加薪的價值，要讓公司明白，才可能得到結果。

花爸想和朋友一起打籃球，老婆花媽卻希望老公留在家陪她。

於是花媽故意叫老公把衣服晾好後才准出門，為了解決這個難題，花爸把打球的好處說給花媽聽：「老婆，先讓我去打球吧！妳知道我很愛妳，如果沒有健康的身體我就不能好好照顧妳，所以運動是很重要的；可是等我晾完衣服再到球場，同伴們早已疲累回家了！只剩我孤單一人在球場，可能我就因此不想打球而不運動了！妳也知道，我打籃球鍛鍊身體都是為了妳，我承諾，只要兩個小時就好。」

花媽被花爸的「花言巧語」逗得樂不可支，另一方面，老公有健康的身體，對家人是件好事，更何況花爸承諾兩個小時後就回來，花媽便爽快答應讓花爸和朋友出門打球。

當然，有時客戶丟出難題，只是找藉口搪塞，根本不是他買或不買的真正原因，所以一定要把客戶留在心中的實質問題找出來。

讓我們回到小花想要爸爸幫她買車子的案例，如果今天花爸不是考量錢的問題，他真正擔心的其實是小花騎車的安全問題，那麼小花就不能一直在價格上打轉，她必須對花爸做出她會安全騎車的保證，讓花爸放心，他才會願意掏錢買車給小花。

說話技巧
MEMO紙

推銷高手的不敗祕訣：一定要抽絲剝繭地把客戶留在心中的真正問題找出來。

第四招
隔牆有耳的技巧

小凡一直在教室吵鬧不休，甲老師在無技可施的情況下，故意跟乙老師說：「之前那個一直哭鬧的小孩是不是已經送到警察局了呢？聽說，警察伯伯很兇地教訓了他一頓……」乙老師機靈地回應甲老師的話，然後還加油添醋把他在電視上看到警察審問犯人的「手法」跟甲老師講述一遍。

這時，小凡豎起耳朵，偷偷聽兩位老師的對談；接著，甲老師又對乙老師說：「這個哭鬧的孩子，我們再也不用那麼辛苦管他！等一下把他交給警察，讓警察伯伯管他就好了啊！等一下又要到吃點心時間，可以喝養樂多、吃好吃的布丁，我們就可以好好休息了！警察局什麼吃的、喝的都沒有，就算那個孩子在警察局繼續哭鬧，我們也聽不到啦！」

小凡一聽，接下來就是點心時間，他也不想被警察伯伯抓走，馬上變得十分乖巧安靜，老師說什麼，他就做什麼。

有時候，某些話直接跟對方講，效果反而不佳，倒不如在有意無意間跟別人說，但事實上卻是要讓身在隔壁的主角聽到，效果更好；小凡的案例中，綜合了「隔牆有耳」與「虛張聲勢」的技巧，在這樣靈活又多種技巧的交錯使用下，猶如服下一顆綜合維他命，效果加倍！

隔牆有耳還可以使用在講電話時。當你跟老婆吵架，冷戰好幾天了，你想道歉，但又擔心老婆不接受（或是放不下身段，先對老婆低頭，跟她說聲對不起），不妨藉由打電話給朋友，好好的演齣戲，把你的歉意和甜言蜜語一併說給人在隔壁房間，且能聽得一清二楚的老婆知道。

「老王，我的心情很不好……我知道我太太對我好，其實我也很想跟她道歉，可是如果我跟她道歉了，她又不接受，面子會掛不住，到時候我可能會更氣她怎麼那麼豬頭，就會不想再跟她道歉了！（暗指老婆再不接受，那她可能就成為豬頭，這也就是結合「踩話頭」的技巧，加上老公不是當面罵她豬頭，老婆雖然聽在耳裡，但不會生氣）；掛上電話後，再去跟老婆道歉，通常效果都會不錯，因為她知道你是真心想要道歉，如果她不接受，就會變成豬頭了！

如果是你的好朋友A與B吵架了，你想當和事佬，可以運用隔牆有耳的方式進行。你故意在A聽得到的地方打電話給B，然後在電話裡表示：「喔！其實我看A也感到歉疚，只是不曉得為什麼吵架時就很容易口出惡言，傷害彼此……果然你也是這樣想的，對嘛！那就一起出來吃個飯，大家都是朋友嘛！唉喲！你放心啦！如果是你約吃飯，A怎麼可能會不出來，他的格局才沒有那麼小呢！（再次結合「踩話頭」技巧）你都先釋出善意，他一定會準時赴約的，好啦！我來約一約，彼此見面，把話講開就沒事了啦！」當你掛上電話，再轉過頭來問A，百分之九十九，A會答應。

說話技巧 MEMO紙

推銷高手的不敗祕訣：請注意，隔牆有耳的技巧會讓你在不自覺的情況下得罪他人，最常見的情況就是在廁所裡道他人是非，卻恰好被對方聽見了。

第五招
讚美／鼓勵的技巧

大明剛買了新房，想要找人裝潢。早上，來到新家的是系統傢俱師傅阿笨，他一進門就皺眉頭大聲說：「怎麼會買這間房子？」這話讓大明覺得不舒服。

阿笨先到客房丈量，才剛踏進去，又說：「房間怎麼這麼小？」接著來到小孩房，阿笨再次皺起眉頭說：「這間實在太小了！」然後再到主臥室，接著說：「房間這麼小，衣櫥應該放不下！」還搖頭說：「上面有橫樑，不吉利，你們怎麼會買這間房子呢？」當他來到淋浴間，又說：「浴室這麼大啊？這麼大做什麼用？浪費空間……」

阿笨從一進門就開始嫌棄個沒完沒了，讓大明感到很不耐煩，情緒盪到谷底；最後，當阿笨拿出傢俱型錄向大明介紹時，大明已經沒有心情挑選了，他心裡很不舒服，想著：「房子都已經買了，錢也花了，卻被外人批評得一無是處，實在太白目了，這是什麼態度，即使再便宜，我也不想跟這種人購買。」

下午，則是一位浴室拉門的裝修師傅阿聰到來。阿聰一進到大明家就說：「哇，你們家好溫暖喔！附近還有其他正在銷售的房屋嗎？如果有的話，我也想買一間跟你們一樣的。」接著他到浴室準備要裝淋浴拉門，一看到淋浴間，便說：「哇！浴室很大耶！」

大明一臉不太高興地回應：「大什麼大，早上一位傢俱師傅還嫌浴室太大，浪費空間……」沒想到，阿聰立刻接著說：「大才好，這表示你們家要發了！等有了更多錢後，這個地方就可以裝按摩浴缸了，所以空間當然要大啊！」

阿聰從踏進大明家開始，就很客氣且真誠地讚美，從未挑剔，讓大明一家人的心裡很舒服，所以向來喜歡貨比三家的大明，打破自己的購物習慣，當下決定跟阿聰師傅訂製淋浴拉門，第一次見面這筆生意就成交了！

案例中的兩名裝潢師傅，講話方式完全不同，但很明顯的，第一個師傅十分白目，第二個師傅懂得讚美，他讓大明在跟對方接觸的第三秒鐘，就已經想跟他做生意、想買他的東西，這就是會讚美人與不會讚美人之間的差別。

所謂合宜的讚美，就是要讓人覺得舒服，但這只是最基本的態度，如果要再往高一點境界邁進，讚美就要不落俗套了。

有一個女生，大家都說「她的眼睛很漂亮」，當你也這麼稱讚她的時候，她一點都不開心；可是如果你注意到的，是她修長的手指頭，反問她：「妳是鋼琴老師嗎？」無論對方的回答是對或不對，你都可以趁機誇獎她：「妳不但有鋼琴老師的氣質，還有一雙修長漂亮的手……」

這句話一出口，不僅誇讚她的雙手漂亮，同時也稱讚到她的氣質，像這種反問對方是鋼琴老師嗎？並採間接讚美法，打動人心的力道會比直接讚美強許多。

不過，讚美人要有技巧，不是所有的讚美都能讓人照單全收，有些敏感話題絕不能提，即便只是讚美。比方說，年齡別亂猜，如果非要猜，寧可說得離譜一點，如果你認為對方應該三十歲，就說他二十歲，保證能讓對方笑開懷。

其次，讚美也要避免白目的問句。

在路上見到一個坐在娃娃車的可愛小女孩，你好意趨前讚美一番：「哇！這是妳的小孩啊？好可愛喔！」結果推著娃娃車的女人卻投來異樣的眼光，回應：「先生，我還沒結婚……」豈不是讓美意變成嘲諷了！（當然，最忌諱的是問對方：這是妳的孫子嗎？）所以，讚美前不妨先搞清楚狀況再說。

讚美的表達方式有很多種，其中有個相當高招的讚美法叫做「反差式讚美」，會讓人有如坐雲霄飛車一般的快感！

清朝時代，有個員外的母親正逢八十大壽，員外平時為人小氣，但這次為了祝賀母親八十大壽，特意邀請許多地方知名人士前來祝壽，其中包括大文豪鄭板橋，板橋先生知道員外生性小氣，想捉弄他一下，就在客人酒足飯飽之餘，員外開口請大文豪為母親獻上對聯以示祝福。

鄭板橋下筆就寫：「你家高堂不是人」，員外一看非常生氣地說：「我請您來是為家母祝壽，結果您怎麼罵我娘不是人呢？」鄭板橋笑著對員外說：「不急，我還沒寫完。」

接著，他繼續揮筆寫下：「九天仙女下凡塵」，員外一看，開心的不得了，說道：「原來你說我娘是天上神仙，是我錯怪您了，請您繼續寫另一副吧！」

鄭板橋繼續提筆寫下：「生的兒子都是賊」，員外一看氣得直跳腳，連忙罵道：「你……你……你罵人不帶髒字！說我是賊，好歹剛剛您也吃過壽宴，還這樣罵人。」

鄭板橋笑著說：「別急！別急！還沒寫完。」他繼續寫下：「偷來蟠桃獻母親」，員外一看，心想：「原來大文豪誇讚賊兒子是為了母親偷蟠桃，這的確足以彰顯我的孝心。」員外馬上笑開懷起來。

這就是利用反差的技巧稱讚對方，這種技巧的優勢，表面上像是先把人打入十八層地獄，再把對方拉回九重天堂，讓人心情忽上忽下，反差極大的得到最後快感。

有一回，大明去到朋友新開張的餐廳吃飯，離開前，朋友問大明：「有沒有什麼需要改進的地方呢？」大明想了想，說：「菜色都很不錯，但有一個缺點……（停頓一下，賣個關子）」朋友很緊張地問：「什麼缺點？什麼缺點？快說。」只見大明不徐不緩回答：「你們的服務做得實在太好了，這要其他餐廳的服務生怎麼混下去？」

你或許會問，這種說法會不會有點誇張？也許會，但用在朋友間，不但沒關係，還很有「笑」果，只要不過於頻繁地使用，通常都能讓你博得好人氣。中國文學創作也有一種修飾法，跟「反差式讚美」相似，那就是誇飾法；使用誇飾法除了能讓人留下深刻印象外，有時也能製造出有趣的效果。

另外，運用前述「隔牆有耳」章節的技巧，以及拜託別人道出你說的好話等，較為迂迴的讚美方式，也是「讚美」的至高境界。

有一回大明和老婆小美吵架，冷戰期間，大明拜託好友小林打電話給小美，並裝做不經意地透露：「昨天我看到大明垂頭喪氣，雖然不曉得發生什麼事，但因為擔心他，便邀他一起到街上走走，在路上，我看到一位漂亮的檳榔西施，趕緊要大明抬頭瞧瞧，沒想到大明卻說『我沒興趣，除了老婆，我從不正眼看別的女人』，妳老公真了不起耶！」

當天大明回到家後，小美主動跟他說話了，一場夫妻冷戰就在友人幫忙轉述的情況下，宣告結束。

有時候，親口說的讚美話語，可能會被對方曲解為刻意、虛假；與其出於自己口中，還不如由別人幫忙轉述來得有用。

大明曾經受過小林的幫忙，這讓大明一直感念在心，經常跟朋友說：「我真的非常謝謝小林。」有一天，大明的朋友黃董正巧碰到小林，順口跟小林說：「你知道嗎？大明真的非常感激你，十句話裡有九句都在感謝你，說他在困難時，多虧有你幫他……」

小林聽到黃董轉述的話後，心裡覺得很感動，心想：「大明打從心底感激我，當初我真的沒有幫錯人。」

這就是「鏡子原理」，當你到處在背後說別人的好話或是壞話，最後都會回向到當事人耳裡；所以，當好話回到當事人耳裡，對方一定會加倍喜歡你；相反的，當難聽的話回到當事人耳裡，對方會愈加討厭你。

說話技巧 MEMO紙

推銷高手的不敗祕訣：如果真的不會說讚美的話，就乾脆不要講話，避免禍從口出，惹來不必要的麻煩。

第六招 踩話頭的技巧

小森剛滿十八歲，想要爸爸大森幫他買輛摩托車，但他知道如果直接開口要求，肯定會遭爸爸回絕，於是就在晚餐後，小森跟大森說：「爸爸，父母是不是都很愛自己的小孩啊？所以虎毒不食子，這是真的嗎？」

大森邊看電視邊說：「當然是真的，怎麼啦？」小森說：「沒有啦！因為我有看到同學的爸爸脾氣不好，也不疼愛小孩，我想，這個小孩即使心裡有願望，也很難達成吧！不像我的爸爸那麼疼我，又那麼明事理……」

當大森不由自主地點頭認同時，小森立刻接著說：「爸爸，我今年已經十八歲了，你那麼明事理，又那麼疼我，如果我考上駕照，會小心騎車，你一定願意買一輛機車給我，對不對？」

這就是踩話頭。

以前我們在銷售拜訪客戶時，為了要突破陌生人被拜訪時的防衛及排斥心理，同時避免遭客戶直接掃地出門，因此，只要一踏進店頭，就會直接大聲詢問對方：「老闆，隔壁那家店的老闆娘，您熟嗎？」老闆回答：「還好，怎麼了？」我們會說：「感覺她很沒水準吶！我只是跟她問句話，她就馬上板著臉，兇到不行，奇怪耶！我們也是辛苦工作的人，對業務員兇個什麼勁呀！像她這種待人處事的態度，怎麼做生意……」這些話，老闆全都聽進耳裡，接下來的十分鐘，他都非常客氣的接待我們。

踩話頭的另一種功效，就是把你擔心害怕的事，在對方說出口前先發制人，這是踩話頭最好用的地方。

譬如，銷售人員為了避免客戶回答：「我們用不著買書，到書局或是圖書館看書就行。」他們會在談話過程向客戶透露，有些家長讓孩子到書局或圖書館，依照自己的喜好挑書看，可是孩子還小，尚未具備挑選書籍的能力……等案例，讓客戶無法把「用不著買書」這句話脫口說出。

另外，運用踩話頭的技巧再搭配讚美、名人光環或是難題處理等技巧一起使用，效果絕對加乘。譬如在銷售童書時，業務人員常會先稱讚客戶：「大姐，一看妳和家居的感覺，就知道妳一定是個疼惜孩子的母親，不像有的媽媽只重視自己的外表，整天打扮得漂漂亮亮，但一提到小孩的教育，她就一點都不在乎了！」

像這種踩話頭的說話方式，就是方便為下一步要向她推介知識性童書而鋪路。

大森是一位兒童叢書的業務員。有一天，他來到一位教授家中，跟教授夫人聊天的過程，他得知夫人曾經任職外商銀行的經理，但為了照顧小孩，辭掉工作，現在是一位專職的家庭主婦。

於是，大森透過踩話頭方式，跟教授夫人說：「一般的母親只關心孩子有沒有吃飽？但大姐跟她們不同（這時，會從先前聊天的資訊中找出這位母親的優勢，譬如高學歷、曾任職高位或大公司、拿過獎……等），否則您就不會為了小孩犧牲自己的工作，一般職業婦女通常不肯輕意放棄工作，而是選擇把孩子交給保姆，只要保姆能照顧孩子吃飽、睡飽、平安長大就好；所以大姐願意放棄工作上的成就，足以見證您一定非常重視孩子的教育，也一定不會排斥閱讀這些對教育孩子有幫助的書籍……」

當大森藉由肯定和讚美教授夫人對教育孩子的付出後，教授夫人也能認同大森的說法，於是當大森向她介紹公司的書籍時，教授夫人自然感興趣了。

如果遇到的父母是屬於經濟考量型，在他詢問價格前，我們會先提到有些父母為了培育孩子，忍痛把過去常到三溫暖、SPA店或是美容院的錢省下來，只為了買套好書給孩子閱讀；再告訴他們，我們的書籍價格並不貴，只需每天省下幾十元，就能為孩子圓知識的夢。

這就是踩話頭與「難題處理」技巧合併使用的例子。

另一方面，我們不會直接跟客戶說，買這套書，您要花多少元，而是跟對方說：「只要每天省下五十元，就能對孩子的成長教育產生效用」，採漸進式的小額花費，會比一整筆的大額支出，來得吸引人；同時在話題結束前，再補上「恐怖訴求」提醒對方，不要以為買不買書是一件小事，有心的父母都不希望自己的小孩輸在起跑點，尤其，六歲以後孩子的人格思想發展已經初步定型，一旦錯過那個階段，回頭再來買一堆書，期望孩子的成長教育有所改變或進展，恐怕為時已晚，所以要把握這個黃金時段等話題。

踩話頭除了用在業務上，朋友、情人之間也很常見。常聽到女朋友向男朋友撒嬌說：「我知道你對我最好了！」接下來可能就是希望男朋友送她什麼東西。另則，有些人會這樣跟朋友說：「我知道你對我最好，我昨晚跟太太吵架了……記得你曾說過，只要我有困難都可以找你，那你現在能不能幫我，跟我太太說一些好話……」

大森打算載女友出外兜風，不巧車子卻突然壞了，他趕忙去找同事老張借車，雖然貴為好友，仍不好意思直接開口；另方面為避免遭到拒絕，大森跟老張一見面就說：「老張，我的朋友裡面就屬你最夠義氣，我記得國中時，有一次你失戀，為了幫你，花了我很多錢，但這些都不重要，誰叫你是我最好的朋友，因為你夠意思、夠朋友，所以我一樣要夠朋友才行……明天我要載女朋友出去走走，麻煩你的車子借我一下囉！」

不等老張拒絕，大森先把好話說盡，老張不得不「很阿莎力」的答應他。

簡單來說，踩話頭就是先把對方的脖子掐住，無論什麼樣的念頭通通被踩下去。其實，踩話頭能使用的範疇很廣，包括父母也可以用這招讓小孩乖乖就範。

有一天，爸媽帶小森去逛百貨公司，小森看到一台模型車，玩到愛不釋手，不肯離去，爸爸大森發現小森的意圖，正在苦惱如何說服小森乖乖離開玩具區，恰好這時玩具區有個大人正在責罵一個哭鬧的小孩，小孩被罵的原因不明，大森趕緊趁機走到小森面前，指著那名正在哭鬧的小孩，告訴小森：「你看，他就是因為想買玩具哭鬧，才會被爸爸責罵。」

當小森的注意力轉移到小朋友身上時，大森接著誇獎小森：「還好你很乖，不像那些吵著要買東買西的小孩，你看，不聽話的小孩要被罵了。」

只見小森慢慢把模型車放回架子上，然後拉起大森的手悄悄走離開玩具區。

說話技巧 MEMO紙

推銷高手的不敗祕訣：踩話頭的好處在於你希望達到某個目的或某樣效果時，像請人幫忙或是希望對方表現更好一點時，十分好用、有效果。

第七招 沉默的技巧

日前，銷售童書的業務員阿華出了一場車禍，雖然人沒事，但對方是個阿婆，她的腳踝受創，需要截肢，加上還要面對官司與賠償問題，讓阿華煩惱不已，一連數天無心工作。

一天，阿華照例到客戶芳姐家拜訪，他臉帶愁苦表情，才一坐下，芳姐立刻問：「怎麼了？」阿華沒講話，先是嘆了一口長氣：「唉！」然後回應：「不知道！很煩！」芳姐又問：「到底怎麼了？」阿華倒抽一口氣，然後把車禍事件全盤托出。

阿華跟芳姐坦承的說：「說實話，我今天根本沒有工作心情，只想找個人訴苦，我真的很煩！」又說：「大姐，這一路走來，真的很感謝您們支持（感性技巧），我常想，如果沒有你們，我做業務的路就沒辦法走到今天；有時半夜睡不

著，想到你們對我的支持，都會覺得很感動，眼眶不禁濕潤了起來⋯⋯」（這一段話是搭配沉默與間接的讚美）

芳姐聽了阿華感性的自白後便說：「我們才要謝謝您啊！介紹那麼多好書，讓我們獲益良多。」阿華連忙反過來稱讚芳姐：「我覺得，孩子有這種重視教育的母親，是福氣啊！」芳姐疑惑地問道：「不是每個母親都該如此嗎？」阿華搖頭說：「不，很多母親只會買玩具、照顧孩子的溫飽，腦袋有沒有『餵飽』，她們不懂，甚至不在意，所以您是有智慧的母親。」

阿華接著又說：「不過今天我來這裡，不是為了賣書，因為賣書的收入全賠給阿婆還不夠，所以快樂不起來，但如果不出來賣書，該賠的錢又無法支付，唉⋯⋯」

芳姐看阿華的情緒陷入消沉之中，反過來安慰他說：「不要垂頭喪氣，振作起來，有什麼好書是我還沒買的，你儘管拿給我看！我來介紹給鄰居或同學，好讓你早日渡過難關。」

這則實例中，業務員阿華從頭到尾並沒有要求客戶「買書」，但在他消沉的面容、長噓短嘆與適時的沉默搭配，加上感性的自白及對客戶讚美的肯定下，讓客戶願意主動購買，甚至幫他介紹新客戶；換句話說，當沉默的技巧，搭配感性的語調，再適時補上幾句讚美一併使用，效果將會不得了！

沉默的技巧最適合用在想請別人幫忙，但又說不出口的時候；或是當我們要請人做決定時，適當的沉默也很好用；不過，若你使用沉默技巧時，建議最好配合表情、說話的語氣與嘆息等肢體、表情語言等，例如表情顯得無奈一些、可憐一點。

父母正準備外出，五歲的小華很想跟隨，可是爸媽始終沒有表示要帶他一起出門，小華想到要獨自一人在家，就覺得很委屈，便坐在角落幽怨地對爸媽說：「我要一個人坐在這裡很久，都不要起來……」接著低頭不語。

果然，不出三分鐘，爸媽就主動上前關心，問他怎麼了？小華趕緊利用這個機會，用可憐兮兮的口吻說：「我一個人在家會很孤單，人家想跟您們一起出門……」看著小華委屈的表情與說詞，下一秒鐘，爸媽就決定帶他一起出門了！

當你有事拜託別人時，沉默最適合派上用場；當你談判、溝通，遇到僵局時，不妨使用沉默，對打破僵局會產生某種程度的效能，因為側隱之心人皆有之。

說話技巧
MEMO紙

推銷高手的不敗祕訣：使用沉默技巧時，最好配合表情、說話的語氣與嘆息等肢體、表情語言等，例如表情顯得無奈一些，可憐一點。

第八招 幽默的技巧

美國前總統林肯是公認的幽默大師。

當他還在擔任律師時，有一回，跟對方辯論之際，對方的律師公開稱他是兩面人，要大家不必聽信林肯說的話。

輪到林肯答辯，他站起來面對在場人士，說道：「各位，如果我是兩面人的話，我會用『醜』的這張臉孔來面對大家嗎？」（因為林肯長相其貌不揚）頓時，全場笑出聲來，同時也化解對手對他的負面指控。

幽默的重點記得要「消遣自己」，而不是消遣別人，這才是最高境界的幽默；如今很多人都是以消遣他人當作幽默，甚至不少人是以嘲弄、取笑他人為樂，這樣的幽默一點都不好笑，這是低階的幽默方式。

不懂幽默技巧的阿迪，說話常口無遮攔，惹得朋友對他氣呼呼。有一回，阿迪請他兒子小迪拿一本書給好友阿嘉，他卻自以為幽默地跟兒子說：「你把這本書拿給那個禿頭的叔叔……」

不料，阿嘉就站在阿迪身後，一聽到阿迪對兒子說的話後，氣急敗壞的衝到他面前，說：「我們絕交吧！」

相較於阿迪不懂幽默的低階幽默法，幽默大師馬克吐溫的等級自然高明許多。

有一次，馬克吐溫走在一條很窄的小路，好似台灣的摸乳巷，寬度僅足夠容納一個人走；說巧不巧，那天，恰好迎面走來他的仇人，仇人看著馬克吐溫，說道：「混蛋，快點讓路，告訴你，我這輩子絕不會讓路給混蛋。」

結果，馬克吐溫從容不迫地回應說：「沒關係！我會讓，請過！」

你看，馬克吐溫雖然沒有說出「我會讓路給混蛋」這幾個字，但他聰明地順著對方的話，結果同樣是罵人卻完全不帶任何一個髒字。

適當的幽默可以成為有力的還擊，又能讓對方感覺被削，這才是上乘的幽默。

如果在公眾場合遇到有人對你吐槽、沒禮貌，你要如何四兩撥千金應對呢？

曾經有位知名人士利用演講中段，請台下的聽眾踴躍發問，當聽眾紛紛傳紙條上台，其中一張寫了三個字「王八蛋」。

名人一看這張紙條就知道寫的人在罵他，他卻不急不徐地拿起紙條向台下的人說：「通常問問題的人都只會在紙條寫上他們的問題，不會寫出姓名，不過這裡有位人士只在紙條寫上自己的名字，卻沒寫出問題，所以我想請問一下這位「王八蛋」先生，您想問什麼問題呢？」

說話技巧 MEMO紙

推銷高手的不敗祕訣：想要真正學會幽默的技巧，記得要多聽別人如何講述幽默的話語。

第九招

投其所好的技巧

小吳一直想獲取女友的爸爸點頭同意，讓他們可以順利交往。

自從他知道女友爸爸的政黨傾向後，就努力附和他，每次到女友家作客時，小吳總會不時提起「未來丈人」偏愛的某政治人物的政績：「伯父，做人真的要懂得感恩，你看，這個委員真的把『我們』家的後山整頓得有模有樣，只要他出來競選，我一定投他一票。」此話一出，聽在女友的爸爸耳裡，開心不已。

不久，小吳不但順利擄獲美人歸，就連陪太太回娘家時，還能明顯地感受到岳父大人在眾女婿中特別疼惜他。

這個實例告訴我們什麼？就是要「投其所好」。切記，出招之前，必須再三確定：你真的摸清楚了嗎？因為這是升級版的作戰方法。

「普通」等級的人，不談政治或宗教，絕對是明確之舉，因為談政治或宗教立場易於傷和氣；但如果你自認為說話等級較高，建議你一定要談，而且投其所好的談；譬如，你明明已經掌握對方的政黨傾向與立場，對方也表現得非常明顯，建議你這時一定要附和對方，這樣更容易讓對方視你為自己人，甚至當你是推心置腹的人，做人或做生意比較能達到成交的目的。

投其所好，還有另一種使用方式，就是當有人與你穿著同一款名設計師的衣服，或是都戴著同一品牌的手錶，一旦彼此發現時，不必大驚小怪。「咦！你也穿×××的衣服」，或是「你也戴×××的手錶」，何不把它變成共同話題呢？

一般來說，每個人都希望遇到伯樂，磁場接近了，心靈和想法有了共鳴，就容易產生認同感！所以，不管是採用讚美、感性的技巧，其實我們都在做同一件事——只要對方認同我，生意就好談；對方認同我，朋友就容易做；對方認同我，隨時隨地都幫得了忙。

說話技巧
MEMO紙

推銷高手的不敗祕訣：想使用投其所好的招術之前，請再三確定：你真的摸清楚了嗎？

第十招 表決的技巧

年輕的猶太男子蓋多在餐廳當服務生，有一天餐廳即將打烊，一位督察長官匆匆走進來，打算點些清淡的食物吃，他表示願意多付小費；這時，蓋多瞥見另一桌的熟客，里昂醫生點的鮭魚餐、沙拉與一杯白酒完全沒動過，便告訴督察：「沒問題！我們餐廳菜色精美，請隨意點。」

接著，蓋多為督察介紹當天的菜單：「我們有肥厚的牛排、羊肉、腰肉、酥炸肝臟，還有魚……肥美的比目魚，塞滿香腸、脂肪並淋上白蘭地的鰻魚，以及瘦的鮭魚……」督察二話不說，立即選擇鮭魚。

蓋多繼續問督察：「請問您要什麼配菜呢？」督察驚訝地說：「還有配菜？」蓋多再度為督察介紹：「是的，任您挑選。我們有炸香菇、奶油馬鈴薯……」督察很快地打斷他的介紹，詢問他：「我只要一點清淡的沙拉，如果沒有也沒關係！」

蓋多故做惋惜狀說：「只要清淡沙拉？很可惜耶，我們有美味的炸香菇……」督察不耐煩地再次告訴他：「我只要清淡的沙拉……」

這時，蓋多的臉上露出謀略得逞的詭異微笑，馬上回應督察：「好！那就一盤精瘦的鮭魚與一杯白酒。」督察流露出滿意的表情說：「完美！請盡快！」

不到兩秒鐘時間，蓋多就把里昂醫生桌上的鮭魚餐直接端給督察享用。

這段對話是不是很熟悉？沒錯！就是奧斯卡得獎電影「美麗人生」（La vita è bella）的劇中片段，我非常喜歡這一段，因為男主角就是巧妙的運用表決技巧，讓督察長官完全按照他的意思點餐，這也表示，表決其實是有取勝的優勢。

劇中的表決技巧就是，當希望對方能選擇我想給予的選項，就必須把另一個，我希望對方不要選的項目描述得很糟、很爛。

例如小孩「愛哭愛吃又愛跟路」（台語），為了使他不要哭鬧著非要跟你出門辦事，可以這樣跟他說：「如果你乖乖在家陪阿嬤，我會幫你把 wii 的遊戲機裝好，買你最愛吃的水果，如果你想跟我去開會也可以，只是開會的地方什麼都沒有，沒有糖果飲料、沒有 wii、沒有小孩子陪你玩、沒有玩具，你喜歡的通通都沒有，只有一堆你不認識的大人，講你聽不懂的話，而且，你要乖乖在那裡坐五個小時不能動；如果留在家裡，你可以想睡就睡、想玩就玩、想吃就吃、想喝就喝……，你自己選吧！」相信我，孩子最後一定會選擇留在家裡，這招屢試不爽！

另一種表決的方式則是利用慣性行為下手，就是少數服從多數。

要如何讓大家順從你的想法，選擇你要的答案？不妨從台灣人不喜歡舉手表態的習慣下手；譬如，當同事要表決今天中午到底吃雞腿便當，還是排骨便當時（你想吃雞腿便當），應該先問大家：「要吃排骨便當的人請舉手。」這時只有兩個同仁舉手，少數服從多數，你就可以宣佈今天中午吃雞腿便當了！

換句話說，當同事、同學或家人需要表決意見時，你心裡想得到的那個答案，記得不要問，先問其他你不想要的答案，並採取讓在場的人舉手表決的方式，當前面的答案沒人舉手表示時，最後你就可以宣佈你想要的那個答案「獲得大家一致通過！」

將表決技巧運用在工作上也很管用，當你向老闆提出A與B兩個企劃案，心裡卻希望老闆選擇A案，你可以跟老闆說，B案雖然不錯，但需要冒比較大的風險，因為合作的廠商有可能沒辦法如期交貨（或是對方比較沒經驗），不過，我們或許可以給對方一次機會試試看；另一個A案則是百分之百沒問題，合作廠商經驗豐富、信用良好，所以綜合上述兩個提案的建議，有把握、穩定性較強者，可以選擇A；若想具有挑戰性、勇於冒險，可以選B，請老闆下最後決定。

通常的結果是，老闆會選擇A。因此，當你學會善用表決技巧後，你就可以輕鬆取得你想要的那一個選項了。

說話技巧 MEMO紙

推銷高手的不敗祕訣：表決時，把你想要的選項描述得比較好，不想要的選項說得差一些，讓所有人在最後時刻掉進你想要的答案的陷阱裡。

第十一招
舉例的技巧

國王蓋了一棟富麗堂皇的高樓，完成前，有兩名監工犯了一點小錯，冒犯到國王，讓國王非常生氣，決定高樓落成後，要將兩名監工砍頭；就在落成前夕，這件事傳到首相耳裡，他特意前往晉見國王，讓他能欣賞這棟高樓，國王欣然答應，高興之餘，連忙帶首相前去參觀。

當他們走到高樓最頂端時，國王問首相：「明天，這棟大樓就要落成了！你覺得怎麼樣？」首相回答：「雄偉的高樓真是無可比擬，可是讓我佩服的不是國王您建造這座高樓，我敬佩的是從以前到現在，沒有哪一個國王能建造如此雄偉的高樓，且從未殺過任何一個人，國王您是古往今來第一人啊！」

國王一聽，了解首相想傳達的意思，便下令把那兩個監工放了！

舉凡古今中外，政治人物、律師、老師或牧師等人都喜歡舉例說明，因為舉例可以在不必直接針對某人、某事的方式下，讓人觸類旁通。

此外，當你向陌生人演說或上課時，舉出與主題相關，又頗具「笑」果的例子，十分適合拿來做冷場時的「破冰」效用，從而帶領聽眾進入主題情境中。

今天是阿麗老師第一次教授如何使用保養品的課程。

一開始，她就以舉例的方式做為開場：從前，有一對恩愛的夫妻，共同生活了二十年後，老公俊男開始覺得老婆美女變得既老又醜，三不五時嫌她黃臉婆，讓美女傷心不已；有一天俊男得到一只神燈，非常高興，當神燈問他：「你要許什麼願望？」俊男想都不想立刻跟神燈說：「我想要一個年輕二十歲的老婆。」神燈告訴他：「沒問題！」神燈就此消失，俊男滿懷希望地回到家後卻發現：「咦！怎麼老婆還是原來的那一個？」反倒是老婆嚇退三步，用不可置信的眼神看著他。

當他照鏡時才發現，原來是自己老了二十歲！

例子才說完，台下聽眾笑得東倒西歪，阿麗趁機回到主題：「不論男女，都要記得保養，所以今天一定要專心聆聽上課內容喔！」只見學員紛紛拿出筆記，開始認真聽講。

早期，語言學習機十分流行，一台要價三萬多元，價格不斐，業務員推銷時，最常遇到家長反問：「我已經送孩子去補習班上課學英文了，為什麼還要花三萬多元買一台機器擺在家裡？」

這時候我們會藉由舉例的方式讓家長明白：「如果您的小孩與鄰居的孩子同時在學鋼琴，一個禮拜安排兩堂課，鄰居家有鋼琴，你家沒有，兩年後，你的小孩和鄰居的孩子，哪一個的鋼琴會彈得比較好？」

我們會先透過這個例子，讓對方自己點頭說：「有鋼琴的小孩每天練習，自然學得比較好。」再順勢回到客戶小孩的現況，雖然小孩進補習班加強外語能力，但有了這台語言學習機，從補習班上課回家後，還可以繼續練習，兩年後，你家小孩的英文程度勢必比其他人還要好。

通常這個例子都能獲得大多數家長認同，進而掏錢購買。

阿德最近心情不好，因為女朋友想讓彼此冷靜，要他暫時不要聯絡，使他不知如何是好，好友阿杰告訴他：「病人心跳停止，這是最壞的情況，選擇電擊可能會使他的肋骨斷掉，如果想要搶救，醫生還需要管肋骨會不會斷掉嗎？除非是醫生不想積極治療，就此讓對方安祥離開；現在，除非你不想繼續擁有這段感情，既然她已經不理你了，就好像心跳停止，這時你還在想要不要電擊？還要管她肋骨會不會斷掉？光想這些都已經沒有意義了！」

阿德恍然大悟，趕緊使出渾身解數，終於又順利追回女友。

說話技巧 MEMO紙

推銷高手的不敗祕訣：舉例的出發點是要讓人將心比心，從簡單的事情中了解和體悟「意義」何在？

第十二招
說笑話的技巧

有一家療養院想要測試病患中有哪些人已經康復。

醫護人員在醫院牆上用筆畫了一道門，然後跟院內的病患說：「如果誰能夠打開這扇門，就可以出院回家。」就在所有病患爭先恐後搶著去開門之際，只有一位病患站在原地不動，醫生問他：「為什麼你不去開門呢？」那名患者說：「我又不是神經病，那扇門根本打不開。」

醫生很高興，心想這位患者總算康復了！便問他：「為什麼這扇門打不開？」患者大笑說：「鑰匙在我這裡，他們怎麼打得開呢？」

這一則「神經病」的笑話頗能使人會心一笑！說笑話似乎不難，但要博取他人發自內心的笑，需要技巧，一則成功的笑話必須具備三要素：第一簡潔有力；第二簡單易懂；第三有笑點。

說笑話之前，有許多功夫需要注意。首先要準備充足，事前先熟稔幾則笑話，當遇到陌生場合或是初次見面的人，笑點，很容易讓人打成一片，甚至成為焦點人物。

再來，說笑話前一定要讓自己先成為一位好聽眾。怎樣才是一位好聽眾呢？如果講笑話的人，才剛脫口說出兩三句，你就插嘴：「這個我聽過，沒什麼好笑的……」

如此說來，你不僅不是一位好聽眾，也會錯失學習機會；你應該在一旁觀摩對方講笑話的起承轉合，學習如何營造氣氛？如何鋪陳？如何添油加醋地讓這則笑話更完整、更有「笑」果？一個會講笑話的人，一定不會在重要場合吐槽別人，而是積極學習與觀摩。

第三，講笑話時，起頭不要說：「我現在要跟大家講一個笑話。」這不是上台報告，要是你這樣開頭，萬一不好笑，該怎麼辦？所以直接在講話中，順勢帶入笑話是最自然的表達方式，讓聽的人以為那真的是你，或是你周遭朋友發生的真實事件。

有一天，我帶太太到醫院身體檢查，經過洗手間時，恰好看到一位護士用力敲打廁所的門，當我正緊急以為發生什麼事時，只聽見護士大聲說：「阿伯，你到底好了沒？我已經把瓶子準備好了，就等你驗屎、驗尿！」

結果老伯從廁所裡大聲回應說：「護士小姐，再等我一會兒，尿我已經『噝』下去了！只是那個屎，我實在沒辦法『噝』下去啦！」

發現了嗎？這是一則笑話，但開場白絕不會說：我現在要開始講一個笑話……，或從前、從前……，而是直接帶入預計製造的情境裡，讓他人覺得這是一則既真實又有趣的故事；等到有人問：「太扯了吧！這是真的嗎？」我們才會回答對方：「其實是笑話啦！」

講笑話的第四個注意事項，切記不可以在還沒說出笑話之前，自己就先笑到花枝亂顫，使人聽不懂你在講什麼。

第五點，笑話不宜太長、贅詞不宜太多，最好能在三十秒內結束，那是笑話最佳長度。有的人講笑話，光是鋪陳部分就可以講個三分鐘，講到聽的人都快睡著了！

有一則關於法國餐廳的笑話，由我的朋友轉述，可以長達十分鐘，到我嘴裡，三十秒就結束了！切記，聽笑話的人都是在等待那個爆點，一旦蘊釀太久，等待的心情就會冷掉！

●一分鐘版本

有一對老夫老妻為了慶祝結婚五十週年，特地來到法國一家米其林三星餐廳用餐。

用餐中，老先生因為年紀大，手抖了一下，湯匙不小心掉到地上，正當老先生彎腰撿取湯匙時，侍者立即從他的口袋掏出另一把新湯匙遞給他，讓老先生對餐廳的服務讚不絕口，等老先生到櫃台結帳時，他還為此堅持要多付一百元給這位侍者，並詢問餐廳經理：「您們是怎麼訓練侍者，這種服務速度真是令人滿意，您一定要告訴我。」

經理不徐不緩地回答老先生說：「您也知道我們是一家三星餐廳，除了講究餐點與服務外，特別注重衛生，所以侍者上廁所時，連手都不能觸碰到身體部位，因此一定要隨身攜帶一只湯匙……」

●十分鐘版本

有一對老夫老妻，結婚數十年了還相當恩愛，就在他們結婚五十週年那一天，老婆開口跟老公說：「今天是我們結婚五十週年紀念日，老公，你是不是該表示一下呢？」

老公二話不說，馬上答應帶老婆到法國最有名的米其林三星餐廳用餐；當他們一踏進餐廳，映入眼簾的是餐廳金碧輝煌、雕龍畫棟的裝潢，桌上的餐具是法國百年頂級的銀製刀叉……（光是描述米其林餐廳的裝潢、陳設與餐具，就長達三分鐘）

以上兩則笑話，你喜歡聽哪一則呢？

講笑話的第六個注意事項，最好搭配肢體語言、表情以及抑揚頓挫的聲音，效果絕對加乘；此外，當笑話中出現兩個不同角色時，聲音的詮釋最好也能有所區別；換言之，有的人講笑話為什麼不好笑，因為他沒做到抑揚頓挫，使得整則笑話的音調平淡無奇，像是在陳述一件事情。

有一回，森林裡的蝙蝠鬧血荒，所有的蝙蝠都快要掛掉了！

這時候，蝙蝠國王發現有一隻小蝙蝠躲在牆角，鬼鬼祟祟，深怕被發現似的，國王覺得狐疑，立刻叫牠出列，小蝙蝠只好摀著嘴巴瑟縮地走出來。

看到這幕景況，國王心裡更加疑惑，便大聲命令牠把摀嘴的手放下，當小蝙蝠把手慢慢放下後，國王發現小蝙蝠的嘴角竟然沾有血絲，勃然大怒地喝斥：「可惡，你發現哪裡有血可以吸食，竟然沒向我報告，太過份了！如果想要免除受罰，現在給你一個將功贖罪的機會，帶我去可以吸食血漿的地方。」

小蝙蝠急著跺腳又搖手，試圖向國王解釋，但國王完全不想浪費時間聽牠把話說明，立刻要求小蝙蝠帶大家一起前往，就當大家搖搖晃晃跟隨小蝙蝠飛到一棵樹前，小蝙蝠突然停了下來，清一清喉嚨說：「咳，你們看到這棵樹了嗎？」大家異口同聲地回答說，「看到啦！那又怎樣？」

然後，小蝙蝠便怯聲地說：「但我沒看到，所以撞到流血了！」

這則小蝙蝠的故事雖然是以文字描述，卻加了不少形容詞來增添故事的生動性，這就猶如講故事時，多加了抑揚頓挫，聽起來才會生動有趣。

森林裡的蝙蝠鬧血荒，所有的蝙蝠都快要死了，這時候，蝙蝠國王發現有一隻躲在牆角的小蝙蝠的嘴角竟然有血絲，便要小蝙蝠帶大家去可以吸食血漿的地方。

小蝙蝠想跟國王解釋，但國王完全不聽；當小蝙蝠帶大家飛到一棵樹前，小蝙蝠問大家，你們看到這棵樹嗎？大家說，看到了！小蝙蝠便說，但我剛剛沒看到，所以撞到流血了！

當這則故事省略掉形容詞，只是簡單敘述，就如同說故事時，少了表情、聲音與動作手勢，使故事聽起來枯燥無味。

第七點，如果你是不太會講笑話的人，遇到冷場，怎麼辦呢？教你一招解套方法，當大家面面相覷，一片寂靜時，你就補一句：「嗯！其實我也覺得不好笑……」這時候，大家就會覺得很好笑了！

最後，建議想學習講笑話技巧的人，一定要找到願意聽你練習說笑話的聽眾，每次講笑話前，先講給對方聽，藉以測試聽眾的反應會如何？

說話技巧
MEMO紙

推銷高手的不敗祕訣：準備笑話時，記得不要原封不動的逐字背下。

第十三招
說故事的技巧

德蕾莎修女有一回搭乘飛機到某一國家探視孤兒與窮苦人家。午餐時刻，空姐十分禮貌地詢問她：「您午餐想吃什麼呢？」德蕾莎回答空姐：「今天中午我不想吃，我想為孤兒與窮苦人民禱告，能不能幫我把這頓飯換成現金呢？」空姐很為難地說：「我們從來沒有這樣的先例……」

德蕾莎十分真切地望著空姐說：「可是我真的很盼望能多帶一些錢，即使只是幫助他們幾塊錢，我都會覺得很棒！」

空姐聽了非常感動，便前去詢問座艙長，座艙長點頭答應，決定將午餐兌換成十元美金交給德蕾莎修女。

這時，坐在德蕾莎修女隔壁的助理，看到修女為了這些窮人寧願不吃飯，也選擇跟隨修女，將空中快餐兌換成現金；前座帶著一家五口一起出遊的男主人看到德蕾莎的義行，連忙響應她的義舉，對空姐說：「我也要將我們一家五口的餐點捐出來，一頓飯沒吃不要緊，這筆錢留給窮苦人民，他們或許能吃上三天呢！」

這時候，機艙裡的乘客此起彼落，紛紛響應德蕾莎的善行，每個人都願意將自己的空中快餐捐出來。

等到飛機落地，座艙長立即將全機三百名乘客不吃空中快餐所兌換到的三千元美金，交到德蕾莎手中，並祝福她將這份愛心順利送到孤兒及貧窮人民的手中。

這時，德蕾莎交代助理，請他向座艙長提議，那三百份沒吃的空中快餐盒與其丟掉，倒不如將它們通通送給當地居民。

助理一聽，臉色大變，連忙跟德蕾莎搖手說：「不要！我不要去說，那會很丟臉！三百份空中快餐已經換成現金三千元給您，您還要再去索取那三百份的空中快餐，我實在開不了這個口。」

然而，看到德蕾莎殷殷期盼的眼神與年邁的身軀，助理只好牙根一咬，厚著臉皮向座艙長表達德蕾莎再一次的請求，所幸座艙長很大方地說：「沒問題！我們正愁這些空中快餐要怎麼處理，全部丟掉又很浪費，這三百份空中快餐通通送給您們。」

助理非常高興自己大功告成，連忙向德蕾莎報告，德蕾莎聽後，微笑點頭，接著又說：「你有沒有跟座艙長提到，我們在這裡人生地不熟，他們能不能派輛貨車和司機，幫我們一起派送這些便當？」

助理睜大眼睛，望著德蕾莎，彷彿聽到最不可思議的事一般，但是看到德蕾莎那張慈祥的臉與溫柔的微笑，只好再次硬著頭皮去請求座艙長的幫忙，座艙長二話不說，一樣點頭答應。

這是一則根據德蕾莎修女真實事件改編而成的故事，雖然加油添醋了些，但故事完整，寓意更明顯，因此，每回當我們要提醒對方「做善事，不要怕丟臉」，都會講述這則故事，往往能得到很大的迴響。

透過一則充滿力量與傳承性的故事，可以表達一個理念或是達到訓勉目的，例如這則故事，因為是名人軼聞而顯得格外吸引人；說故事，一定要記得告訴聽眾：「這是一個真實的故事」，這就好像電影一樣，開演前，會在銀幕上打出「這是根據真實事件改編」，吸引力必然大增。

我現在要說的這則故事，是真實事件。

有一個小女孩，父親生日當天發現爸爸的愛車髒了，決定趁爸爸不在家時，幫他刷洗車子，送給爸爸一個驚奇。

孩子興沖沖跑到廚房拿來媽媽平時刷洗鍋具的鐵刷，並提了一桶水和肥皂去洗車；當爸爸下班回到家，小女孩興高采烈跑到他面前，邀功說：「爸爸，今天是您的生日，我做了一件孝順您的事當作生日禮物，那就是幫您把愛車洗乾淨了！」

爸爸聽後非常高興地來到車庫，卻發現愛車的烤漆整個都被刮花了，頓時發飆怒吼：「妳到底做了什麼事？」

小女孩被爸爸猙獰的怒容嚇得哭不停，她邊啜泣邊對爸爸說：「我只是想幫您洗車而已啊！」爸爸在盛怒之下決定懲罰她，當下拿起一根鐵絲將她的兩根大拇指綑綁在一起，然後把她關到書房裡。

爸爸急忙開車子去修車廠重烤板金，又約了朋友出來喝酒消怒氣，直到半夜才回到家中，這時他才猛然想起，女兒被關在書房十幾個小時，不知怎樣？連忙衝到書房，把女兒手上的鐵絲解開，再帶她到醫院，可惜來不及了，醫生說：「女兒的大拇指被綑綁過久，已經壞死，只能截肢，救不回來了！」

過了一個多月，女兒出院了，手指也漸漸康復，爸爸的愛車也重新烤漆，車子一切如新的開回家，女兒看到恢復亮麗板金的車子，仰頭問爸爸：「車子已經恢復原狀，我的大拇指什麼時候也可以恢復原狀？」

爸爸看著女兒天真無邪的笑容，內疚到無地自容，於是走進書房，舉槍自殺。

這是在網路讀到的真實事件，結局令人震撼，故事告訴我們，人在盛怒下不要輕意衝動，否則可能會做出難以挽回的悔事。

說故事的技巧和舉例的技巧有些雷同，差別在於故事比較長，舉例比較短；反觀，說故事和講笑話就恰好相反，笑話是越短越好，像女人的裙子一樣，但故事如果太短，反而顯得沒有力道，不能讓聽眾跟隨說故事的人一同走進故事的場景和情緒之中；簡單說，笑話是「話」，一句話不會太長，所以不能長；故事是「事」，要讓人聽懂，所以不能太短，但也不能像阿嬤的裹腳布一樣，又臭又長，要恰到好處，最佳長度約在三到五分鐘。

假設聽眾大都是小朋友或年輕人，說一些喻道故事或寓言故事，較易讓人聽進去、效果也會比較好；好幾次為小朋友上生命課程，甚至警惕年輕人不要因為一時好奇吸毒或抽菸時，我們都會講「烤香腸的老伯」的故事。

有一位老伯，長年在樹林裡烤香腸，以便吸引老鷹聞香而來，老伯見到老鷹就跟牠說：「如果你想要吃香腸，必須用你的一根羽毛來換。」老鷹心想，只是一根羽毛而已，死不了，立刻答應！

第二天，老鷹禁不住烤香腸的氣味，又拔了一根羽毛跟老伯換了一條香腸，就這樣，這隻老鷹常常用羽毛來換取香腸。

有一天，老鷹的羽毛被自己拔光了，再也無法翱翔天際，只能等著餓死，死前，老鷹恍然大悟，原來老伯就是透過這種方法，誘惑許多老鷹拔光自己的羽毛，活活餓死後，再將牠們做成香腸。

生活或做業務，隨時都需要準備一些笑話或故事在腦子裡，說笑話能破冰、消弭冷場；說故事能鼓勵人心，像這則「一切都是最好的安排」的故事，就能為身處失意、低潮的朋友帶來一些正面力量。

有一個國王很愛打獵，每次狩獵時都會約首相一塊去。

有一次，首相因為太忙抽不出身，國王只好要其他大臣陪同狩獵；在狩獵場，國王看到一隻老虎，見獵心喜，立即開弓一射，箭不偏不倚正中老虎，國王立刻上前，打算把這隻穩死無疑的老虎拖回皇宮，沒想到，老虎竟然還沒死，反而跳起來把國王撲倒，眾大臣嚇成一團，馬上派人上前把國王救回。

國王的小命雖然保住，但他的右手小拇指卻被老虎咬掉一截；國王返回宮殿休息，心情非常糟糕，首相聽到國王出事，趕緊到宮殿探視。

首相嘴邊最常掛的一句口頭禪是「一切都是最好的安排」，看到國王受傷，他一邊勸慰國王不要難過，一邊說：「一切都是最好的安排。」國王一聽非常生氣，氣沖沖地反問首相：「如果現在我把你關到大牢裡，這也是最好的安排嗎？」

首相從容不迫地回答：「雖然我不知道國王您為什麼要把我關起來，但我相信這一切仍是最好的安排。」國王聽到首相的回答更生氣了，馬上大喊：「來人！把這個神經病關起來。」

過了三天，國王的手逐漸康復，心裡有點懊悔一時衝動把自己最好的朋友關起來，但又礙於面子，加上怒氣未消，於是就在沒帶任何一位隨從的情況下，微服走到郊外散心；走著、走著，國王居然迷路了，他竟誤闖到一個食人族的部落，被勇士抓住，準備拿他來獻祭，國王心想，這回小命真的休矣……

不料，部落的祭司準備將他獻祭前，突然想起，獻祭之物不能有殘疾，立刻命令左右前去檢查，結果發現，國王少了一根小指頭，祭司大怒說道：「這個獻祭給天神的祭物竟有殘缺，萬一天神震怒，是會懲罰我們的，趕緊再去抓一個完整無缺的祭物來。」

國王死裡逃生，撿回一命，他立即連滾帶爬地跑回皇宮，這時候，國王想起首相對他說：「一切都是最好的安排。」心想，今日驗證，果真如此，如果不是我被老虎咬掉手指，讓我成為殘缺的人，恐怕今天已被食人族獻祭了！

國王思及此事，立刻命人把首相從大牢裡放出來，並告訴他這件驚險萬分的事，首相聽完後笑著說：「您看吧！我就說一切都是最好的安排。」

國王不死心地質問首相：，「這件事的確可以印證你說的話，但是你莫名其妙被我關了三天，這又怎麼解釋這是最好的安排呢？」

首相回道：「不會啊！國王，請您想想看，當您心情不好的時候，您會找誰陪您散步？一定是我啊！當我們一起散步，就會一起被食人族抓住，可是我全身上下沒有殘缺，如果今天我不是被關起來，而是跟您一起去散步，被拿來獻祭的人就是我了！所以這一切都是最好的安排，您當初把我關進大牢，我反而要謝謝您的救命之恩。」

說話技巧
MEMO 紙

推銷高手的不敗祕訣：故事與舉例都有同一個目標，就是讓對方透過故事或例子去思考，因此你需要有描述故事或舉例的本領，這時候，詞彙能力就很重要了！

第十四招 公眾演講的技巧

阿民是個著名的才子講師，每場演說、講座，叫好又叫座。某天他來到一家大公司演講，主題是：一個人的潛力有多大。

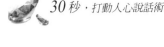

上台後，阿民二話不說，先拿出一個免洗杯擺到桌上，杯中裝滿水；接著拿出一盒大型迴紋針，然後問台下聽眾：「來！你們說，如果我現在把迴紋針丟進裝滿水的杯子裡，水會不會溢出來？」台下的聽眾被阿民的實驗吸引，紛紛參與回答：「會！水會溢出來。」

等到此起彼落的回答聲稍微安靜下來後，阿民開始丟迴紋針，一根……沒有溢出來，兩根……沒有溢出來。

當大家正聚精會神、緊張看著阿民丟迴紋針時，他又再度與聽眾互動起來：「您們覺得要丟進幾根，水才會溢出來？現在請大家開始競標……」台下的人紛紛喊出數字，阿民仿傚拍賣會大聲喊出：「這邊有人說八根，那位先生說十二根……喔！這位漂亮小姐說十五根……」。

阿民把現場氣氛炒得非常熱絡，台下聽眾愈加踴躍提出他們的答案，接下來，阿民又開始繼續丟迴紋針，現場安靜到連掉根針的聲音都聽得到，不難看出全場聽眾已被阿民收服了……（現在，正在看書的你是不是也想知道，阿民到底丟到第幾根，水才溢出來呢？）

答案是五十多根。

這時大家已經被緊繃的氣氛震撼，阿民趁機告訴大家：「你們看，這就是人的潛力。你以為滿溢了，你以為極限就到這裡了，沒有！還沒有……其實你還充滿很大的潛能。」

接下來的演講，聽眾都非常認真的聽阿民談論如何發掘自我潛力的方式。

以上這個案例，毋庸置疑，是一場成功的演說，因為講演者不但準備了豐富的演說內容，同時具備吸引人的演說技巧，光是開場破題方式就表現得唱作俱佳，馬上收服現場所有聽眾的注意力，這就是成功的演講者，魅力所在。

前蘋果電腦執行長賈伯斯便是其中佼佼者，他演說簡報的魅力，不僅吸引無數忠實粉絲，坊間甚至推出專書討論他如何做簡報？據說，賈伯斯進行簡報的每個環節都事先準備好，譬如燈光怎麼打，講某句話時，要出現什麼音樂與燈光，或何時該擺什麼pose……等，這些都經由事先精心安排，因而締造賈伯斯超級明星的地位。

當然，在我們尚未進步到這些人的位階前，必須先觀摩別人怎樣演講與簡報，這也是上述章節中提到，想要練習「說笑話」或「說故事」的相同準則。

觀摩演講者，首先要注意他們如何破題；其次，留意他們講演時的表情、肢體語言和手勢，畢竟「演講」一詞，顧名思義就是要邊演邊講，以電視購物台的主持人做例子，一個木納、沒有聲音、面無表情的人，不可能把商品賣得好；第三項要注意的重點是，發生冷場狀況，演講者會說什麼話？或是臨場有狀況，講演者如何以幽默與機智反應回去。

對演說者來說，除了上述三項要點之外，一場演講最困難的部分是在開場後三分鐘，以及結束前三分鐘，尤其是前三分鐘，因為只要破題破得精采，就能吸引聽眾聚精會神聆聽。

破題的方式有很多種，聊時事、利用現場取材或是說笑話……等；像是天氣很熱，準備幾則冷笑話，讓溫度降低一點；或是塑化劑新聞鬧得兇，會議桌上剛好擺了只玻璃杯，可以就地取物表示：「今天桌上準備的杯子都是玻璃杯，大家知道為什麼嗎？因為你們都是公司重要幹部，所以不能夠中毒……」當大家莞爾一笑，氣氛馬上就成功破冰了！

曾經有位知名的演講老師，他一上台就對台下聽眾說：「每次演講，我都會先看今天泡什麼茶，如果是白開水，我就隨便講講；如果是泡好茶，我就會講得起勁，剛剛在後台準備上台時，喝了一口主辦單位給的茶水，嗯！不錯，像是冠軍茶，所以大家請放心，今天的演講一定很精采。」這段看似簡單的破題說詞，其實含有兩個層面意義，一是讚許主辦單位用心；另一則是令台下聽眾會心一笑，炒熱現場氣氛。

一般來說，不少演講者都喜歡用開自己的玩笑破題，這是好境界，但如何在消遣自己中，既可表現實力，同時又讚美到對方或台下聽眾，就是高招了。

演講開場不久，才子講師阿民向台下觀眾抱歉，說道：「坦白說，昨晚我並沒有特別準備……」停了三秒鐘後，他看了一眼全場聽眾，繼續說：「因為我每天都在準備，所以大家不用緊張……」接著又說：「我今天應該會講得比較沒有章法，沒有順序……可是我知道，現場聽眾都是菁英中的佼佼者，一定可以把那些沒有章法和順序的演講內容整理得非常好。」

案例中的阿民說「自己沒有特別準備，因為天天都在準備」的說詞，就是利用「故弄玄虛」與「反差」的說話技巧，表現出謙虛，同時又能彰顯實力的自我介紹破題法。

這兩種技巧，除了能讓聽眾因好奇或反差效果，吸引成為專注力之外，也像是直接告訴聽眾：「我今天是有備而來的，絕對會讓大家不虛此行；相反的，一旦錯過就會遺憾終身。」這種說詞，通常能博得聽眾聚精會神聆聽；同樣道理，如果能將自己的專業在演講前幾分鐘表明清楚，讓聽眾感到敬服，就能進一步認真聆聽你說的每一句話。

講師志玲今天演說的主題是美容保養，她就地取材以自己做樣本，先問台下聽眾：「我今天的頭髮和妝扮看起來如何？」台下的聽眾說：「美髮店幫老師弄得很好看，彩妝也畫得不錯……」志玲搖頭表示：「這些都是我親手用的。」

答案一出，引來台下一陣喧嘩聲：「老師妳好厲害喔！妳是怎麼辦到的？弄得好像美髮師和造型師畫的。」

當聽眾還在驚嘆中，志玲又問：「妳們覺得我的頭髮是誰剪的？」大家更好奇，遲疑地問：「這……不會也是老師自己剪的吧？」當志玲再次宣佈：「你們沒說錯，這也是我自己剪的。」

台下聽眾完全被志玲的美妝和美髮技巧折服了！

相反的，如果志玲打扮十分邋遢或普通，對聽眾來說，就不具說服力了；所以，當志玲展露出精湛的化妝與美髮技巧，再跟聽眾講述如何美容保養，台下的聽眾就願意相信，講師本人即是美粧最佳見證人。

另外，演講者要隨時注意台下聽眾的反應，不能台上的人講個不停，台下的人沒有反應，建議你在上台前可以先了解聽眾的背景，並從破題前三分鐘來察覺及判斷台下觀眾的類型，藉以調整自己的演說方式、口吻及內容。

譬如，今天台下的聽眾都是老師或高職階人士，演說者安排的內容就不能低俗；如果今天台下的聽眾是學生或是小朋友，演說的內容就必須酌增一些他們有興趣的話題或時事；此外，演講的內容最好因時、地、人的不同而異，不可照本宣科，當你試圖回想某一場演講的笑話博得滿堂彩，今天也依樣畫葫蘆，結果上回聽眾是小朋友，這次是老人家，最後，你的笑話勢必落個沒一人捧場的窘境。

每個演講者都可能遇到冷場，除非是準備不足，否則當台下的聽眾沒反應時，不妨以輕鬆幽默的態度和語氣提醒或測試為什麼沒有反應，像是：「你們今天是不是心情不好啊？是主管有特別交代要保持氣質嗎？不然為什麼一點反應都沒有？」再不然就是丟一些最近較為熱門的時事問大家，並以幽默方式帶出，譬如：「前陣子的塑化劑風波，讓我這幾天幫兒子洗澡時，都會特別注意一下「它」的長度……」

由於是熱門話題的關係，大家比較容易卸下心防與距離，七嘴八舌地討論起來，產生共鳴。

如果還是沒反應，就使出絕招吧！「在場的人今天看起來都好嚴肅、面無表情，你們是來參加告別式的嗎？」這一招屢試不爽，話一出匣，台下就會立刻哄堂大笑，沒有表情和反應的氣氛頓時打開！

還有，演講者要不時跟台下聽眾互動，讓聽眾有參與感，尤其互動時，不要僅限少數人，盡量想辦法擴展到跟全場觀眾有互動。譬如當台下有觀眾提問時，不要急著先回答，不妨請提問者鄰近的聽眾先回答。

此外，建議你走下講台、接近聽眾，甚至隨手拿起一樣聽眾的東西，例如筆或筆記本；別小看這個動作，它能拉近你跟聽眾之間的距離，增添親和力，這就是「走動式」的演講，像黑幼龍等深具演說魅力的人，都是擅長走動式演講的高手；另外，還有一個意想不到的好處——演講者都已走下來了，台下的聽眾自然不好意思打瞌睡了。

才子講師阿民看到台下聽眾昏昏欲睡，為了提振士氣，他突然丟出一個跟演講內容相關的問題：「為什麼大家都那麼討厭數字呢？」

這時，阿民發現台下有三分之一的聽眾開始有精神了！A男舉手發言：「因為數學不好。」待他說完後，阿民並沒有立即回答A男的答案對或不對，反而問坐在A男右手邊的B女說：「妳覺得A說的答案對不對？」

阿民又發現台下有一半以上的人，開始豎起耳朵聽B女的答案，B女回答：

「我也認同！」接著，阿民走下台，親自邀請坐在A男前面位置的C男表示意見，C男回說：「不認同。」於是阿民便請C男解釋他不認同的理由，這時，全場的人都清醒了，而且紛紛加入討論。

阿民知道這招——把A男身旁的人通通拉進來一起互動的方式，以及走動式的參與，再一次奏效了！

另一方面，演講的時間能短就不要長。一般來說，要聽到一場整整一小時既精采又不冷場的演講，很難，尤其功力不夠的人更難做到，所以最好不要自曝其短，演說能短一點就短一點，雖然短，至少精采。

這一次，才子講師阿民應邀參加一場多人聽講的演說，主題是激勵人心。

由於排在阿民前面的演講者，講了好久，連他都聽累了！所以輪到他上台時，阿民就跟台下觀眾說：「演講，最好要像女人的迷你裙一樣，越短越好；所以今天我來到這裡就是要告訴大家，你們是最棒的，謝謝！」然後轉身下台！結果他獲得所有演講者中最熱烈的掌聲，大受歡迎。

演講的結尾很重要，建議最好可以使用一項隨手可得的道具來做為舉例，才能令聽眾留下印象深刻的 ending。

今天的演講主題是「對自我的肯定與價值」，才子講師阿民再度上場。

在演講結束前，阿民把一張仟元鈔票揉成一團後，丟在講桌上，然後問台下聽眾：「各位，這張鈔票被我揉成一團，還有人要的請舉手？」結果聽眾全舉手，阿民說：「真的？你們都不計較嗎？這張鈔票已經縐成這樣，你們還要？」

只聽大家紛紜說道：「縐成這樣有什麼關係，它還是錢啊！」聽到這些答案後，阿民又把鈔票丟到地上，提腳用力踩下去，把它踩得又縐又髒，再次拿起來問大家：「現在這張又縐又髒的鈔票，請問誰還要？」大家仍是爭先恐後地說：「我要！我要！」

這時候，阿民為了表示和聽眾產生更緊密的互動，隨機挑出一位聽眾甲，問他：「為什麼你要呢？」聽眾甲回說：「因為它還是錢啊！可以買東西，完全不受影響……」

當聽眾說出這句阿民想要的答案時，他趁勢帶出這個「舉例」做為總結：「是的，這一張鈔票雖然被我揉成這樣，但完全無損於它本身的價值，你們也是，不管在人生路上遇到多少挫折，被多少人蹂躪或糟蹋，但你們的價值是永遠不會變的。」

這樣的 ending，是不是讓你感到有趣又記憶深刻呢？沒錯！它就是一個很棒的 ending 案例。

說話技巧 MEMO 紙

推銷高手的不敗祕訣：如果你不知道怎樣破題，不妨採用輕鬆的方式來破題，至少能馬上破冰、炒熱現場氣氛。

| 應用篇 |

公關高手不會告訴你的 10 項說話密技

第一項 氣話／狠話怎麼說

小胖跟同事阿瘦兩人是感情要好的朋友，有一天，阿瘦跟小胖抱怨有關公司同事不團結的事，說起來，火氣越來越大，他跟小胖說：「這樣的公司讓我很心寒……」小胖一聽：「哇！阿瘦竟然用『心寒』兩個字，看來事態好像很嚴重！難不成他想要離開公司？」

過了兩三個月，當小胖再度跟阿瘦提起當天他自己說的話，他完全不記得，小胖怒視著他說：「害我這幾個月來一直擔心你……」阿瘦摸摸頭，帶著歉意口吻說：「對不起嘛！那時我講的只是氣話啦！」

所幸這個案例中，主角抱怨的對象是公司而不是朋友，否則聽在朋友心裡會是什麼滋味？恐怕只有不舒服吧！當初說話的人或許早已忘掉，可是對聽者來說，傷害已然造成了！

「氣話」大都不經大腦脫口而出，絕對不會有好話，所以，最好的方式就是不要說出口，除非已經瀕臨到非講不可的爆炸邊緣，那就請你注意幾件事：首先，講出氣話前，先深呼吸，不要霹靂啪拉就說出口，然後在心裡默念一到十後再說，記得，這十秒是要你慢慢數，這樣才能緩和當下的情緒與氣氛，而不是在一秒鐘內從一唸到十，因為人在憤怒時，說出來的話都很傷人。

再來是措詞。記得不要使用具傷害性的詞彙，也不要說出「永遠」等字眼，別以為這沒什麼，「你不幫我，我們就永遠絕交……」；這些用字遣詞都會讓對方覺得傷感情，所以盡量使用一些偏「中性」的字眼，像是難過、可惜或是如果能夠……等。

「中性」的用字遣詞不僅適用在朋友或同事之間，父母也能受用，當孩子考不好試時，做父母的如果是這樣說：「考那麼差的成績？你是要把我氣死不成？」這話就很容易傷害到孩子；如果換個說法：「哇！你這次考的成績可能會讓我晚上睡不著喔！」同樣表達對孩子的擔心，這句話卻說得委婉許多。古諺有云：「事緩則圓。」用緩和的語彙、口吻與態度，反而可以得到好效果，這樣的做法就和深呼吸、從一數到十秒或想一想再說的道理是一樣的。

如果你真的很生氣，教你一招：把說話速度放慢，但要加重語氣並搭配臉部表情。譬如，當你準備對孩子表達怒氣時，不妨假裝咬牙切齒，表現出臉部的凝重感，一邊慢慢地說：「你這次的考試成績……真的……真的……會讓我……睡……不……著……」

這種表達方式，一方面可以宣洩怒氣，令對方真切感受到你的確在生氣；另一方面因說話速度放慢，讓你不致因此脫口說出難以收拾的氣話。

小胖交代同事阿瘦辦了件重要的事，阿瘦沒去處理；有一天小胖真的生氣了，請阿瘦到會議室。會議室的門一關，小胖對阿瘦冷笑著說：「那件案子的進度現在進行得如何？」阿瘦摸了摸頭回答：「唉喲，我都忘了！」

下一秒，只見小胖笑容一斂，投射出一道銳利的眼神，然後冷冷地說：「忘了呀……」小胖倒抽一口氣，接著以八百分貝的音量大聲叫出他積壓已久的不滿：「啊……」等大喊停住後，小胖立刻轉身推門出去，讓阿瘦著實嚇了一跳，頓時明白自己的漫不經心讓小胖生氣了！

案例中，小胖從頭到尾沒對阿瘦說出任何一句氣話來傷害他，但透過表情、語氣以及「啊……」的大叫聲，已經令阿瘦感受到小胖真的在生氣；聲音大不見得會傷人，傷人的往往都是說出口的「詞彙」；同樣的，表現出生氣表情的殺傷力，可能不及一記冷漠、不屑的眼神，這些都是值得注意的小細節。

當一個人撂狠話或說氣話時，通常都是為了表達不舒服，所以千萬不要說威脅和傷害別人的話，因為這些並不是你原本的目的。

一位知名的中醫師為了鍛鍊自己的修養，自訂一個禮拜內有一天為「不生氣日」，顧名思義就是那一天無論發生什麼事，絕對不生氣，如果真的遇到令他想發火的人或事，也會淡然地跟對方說：「算你運氣好，今天禮拜一，我不能生氣，明天再跟你算帳。」

事實上，到了第二天，中醫師的氣也消了！慢慢的，他的「不生氣日」又增加一天；直到後來，這個生氣日一週只剩一天，他的親朋好友都知道，要跟他說什麼不好的事，一定要跳過生氣日那天……，聽起來好像很好笑，但這位中醫師的修養的確贏得大家的讚許。

為什麼拉長時間，隔天就不氣了呢？這個道理就像勸架時，往往會把當事人帶離現場，一旦離開那個不良氣場，當事人就不致那麼生氣了；這就是一般人常講的：「氣消了！」

想想，如果今天夫妻倆吵架，一方突然提出，明天下午兩點再繼續吵，結果隔天真的會開戰嗎？不會，因為氣頭的時間一旦過了，就像洩了氣的氣球一樣，想要重新吵架，幾乎是不可能發生的。

說話技巧 MEMO紙

公關高手的經驗談：最好的方式就是不要說氣話，人在生氣時都不會有好話，與其想辦法避免造成傷害，倒不如一開始就不要把氣話說出口。

第二項

拒絕的話怎麼說

小李和老趙是十多年交情的好友。

有一天，小李向老趙借車，老趙自己需要用車，便坦率告訴小李：「真是抱歉！我那天也需要用到車，不然以我倆的交情，能借就一定會借你……不過，我來幫你想想看，還有誰可以借車給你？如果問到的話，馬上通知你……」

小李一聽，心裡頓時溫暖起來，老趙真的沒辦法借他車，卻還願意幫他跟其他朋友借，真是夠義氣的朋友。

「拒絕」的話，在兩種狀況下一定要面對，一種是屬於好好先生型的人；另一種是情況不允許，你一定得拒絕。

好好先生，就是那種「不會拒絕別人的人」，不過有時他硬著頭皮答應別人的事，當超出能力與負荷而做不到，最後可能留給對方壞印象；或者是為了答應別人的事疲於奔命，結果自己份內的事沒做好，惹得身旁的同事和家人跳腳生氣，徒留「濫好人」的稱號，這到底划不划算呢？

老趙在朋友間以講義氣出了名，只要朋友有事，赴湯蹈火在所不辭，但相對於老婆、孩子的事，他就通通擺在朋友之後，老婆要他接小孩放學，他去幫朋友送鑰匙；孩子運動會，他卻去幫朋友搬家，搞到最後，老婆孩子都漸漸疏遠他了！

所以當事情已經超出能力負荷時，一定要跟對方說：「對不起！我怕答應你，但又做不好，反而造成你的困擾與麻煩，我看你還是找別人吧！我覺得我的能力不足……」如果對方說：「不會啦！我相信你一定行的……」那你一定要把可能的結果預先告訴對方，讓他知道，屆時效果不好，可不能怪人；假如對方仍堅持要你來做這件事，那就輪到你要先弄清楚，會不會影響份內事？如果答案是不會，再去接受。

很多男人無法拒絕朋友的要求，一方面是因為「義氣」；另一方面是基於「面子」。

關於這兩點，有時必須認真想一想，為了面子恐怕失去的更多，划得來嗎？或許你會說：「『不要』這兩個字，就是說不出口啊！」告訴你，say no並不難，只要抓住幾個拒絕的竅門，就能讓你保住對朋友的義氣，也不會失去家人對你的信賴。

「拒絕」的話，要說得委婉，不要給對方難看。你可以這樣跟對方說：「雖然我很想幫你這個忙，但實在無能為力，真是抱歉！」不要擔心拒絕就一定會傷害到友誼，你是真的無法抽身幫忙，或是根本幫不上忙，可以真誠地把自己無法提供協助的難處說出來，最後一定要加上一句「對不起」，讓對方清楚你的遺憾和歉意。

如果希望能讓對方感受到你的真心與溫暖，可以再追加一句「我再幫你問問看其他人行不行！」

相對的，如果真的可以幫得上忙，也請你一定要盡力幫忙，因為人永遠不知道下一秒，會不會就是需要別人幫忙的時候。

朋友借錢是最難應付的事。

老趙最頭痛朋友跟他借錢，尤其是小錢，像是五百元或一千元，常是有去無回；但有一次，小李跟老趙借調一百萬元，老趙心想，「這麼大的金額，我還真的拿不出來！」老趙照實跟小李說：「小李，真是對不起，這筆錢實在太大，而且我家最近正在裝潢，如果你要的金額少一點，或許我還可以幫你想想辦法。」

沒想到小李窮追不捨地問道：「那少一點是多少？」老趙心裡清楚，一旦要借錢給朋友，就必須想到對方可能不會歸還這些錢！考慮再三後，老趙坦白地告訴小李：「就幾萬元吧！」

小李只好倖倖然地離開。

什麼時候 say no 可以不需要委婉呢？就是當對方要求你做不對的事，像是吸毒、抽菸或飆車……等，對自己具有殺傷力的事，這時如果你還表現委婉，對方就會以為你是欲拒還迎、有機可趁，所以這時需要挺起勇氣，斷然拒絕。

再來，就是當對方一而再，再而三的請你幫忙，甚至過於倚賴你時，也要斷然拒絕，就像餵小孩吃飯，你不讓小孩學習拿筷子吃飯，難道要餵他一輩子嗎？答案顯而易見，所以當你遇到這樣的求助者時，可以跟他說：「我幫你最後一次，下次若再遇到這樣的事情，你要自己完成，如果我一再幫下去，反而是在害你！」

老趙有個聰明伶俐的孩子叫小趙，嘴巴甜、腦筋動得快、愛跟爸媽撒嬌，小趙心想，如果能永遠依賴爸媽該有多好！

有一天，他向媽媽撒嬌，要媽媽幫他刷牙，看著小趙渴望的眼神，以及那雙拉著大手不放的小手，媽媽心裡想著，第一次就拒絕他也不好，但還是需要告訴他這樣做的壞影響，於是媽媽蹲下來，告訴他：「好，媽媽答應你，那是因為你今天表現很好，這是給你的獎勵，不過僅此一次；不然長大後，你還不會自己刷牙，別人會笑你的。」小趙乖乖點頭。

又過了一個多月，有一天晚上，已經到了小趙該上床睡覺的時間，但小趙還拿著畫筆和圖畫紙坐在書桌前，爸爸過來問他：「怎麼還不上床睡覺呢？」

小趙見到救星，立刻向爸爸撒嬌說：「爸爸，你畫畫好漂亮，明天要交畫畫的作業，你可不可以幫我畫呢？」

老趙心疼兒子不能上床睡覺，但又想：「這種事情有一就會有二，不能讓孩子依賴父母幫他做功課……」為了不傷他的心，老趙委婉的趁機對他機會教育，說道：「寶貝，你剛剛不是說我畫得比你好看嗎？如果爸爸幫你畫，老師一定會發現，那不就是跟老師撒謊嗎？一個好孩子是不能說謊的，而且那是你的學校功課，當然要自己完成囉！不過爸爸會陪在你身邊，等你畫完，我們再一起上床睡覺。」

小趙遭到爸爸「溫柔的拒絕」，但覺得爸爸說得有理，於是乖乖把圖畫功課完成才上床睡覺。

關於「說清楚、講明白」這一點，適用於任何被拒絕的對象，讓對方知道為什麼被拒絕，為什麼無法提供協助，要讓對方釋懷、了解原因或用意，才能使雙方關係長久經營下去。

請相信孩子的潛能。我的小女兒前陣子因為粗心大意，弄丟兩台腳踏車，後來我們決定不再買給她，也不載她上下學，要她自己想辦法解決這個問題，過沒多久，發現她已經學會如何搭公車上下學。

說話技巧 MEMO紙

公關高手的經驗談：關於「說清楚、講明白」這一點，適用於任何被拒絕的對象，讓對方知道為什麼被拒絕，為什麼無法提供協助，要讓對方釋懷、了解原因或用意，才能讓關係長久經營下去。

第三項 預防及處理糾紛的話怎麼說

為了避開戶外的豔陽高溫，小亮和阿彥躲到咖啡廳吹冷氣，才剛坐下來，店員就端來兩杯冰涼透沁的白開水，禮貌的站在一旁等候點餐，阿彥點了一杯冰拿鐵，小亮貪小便宜，只想吹冷氣，不消費，故意對店員說：「我等一下再點。」

店員很客氣地回答：「沒問題，我稍後再過來為您點餐，不過我們店內有最低消費的規定，請先生記得點餐，不然就划不來了！」

所謂的糾紛，就是兩個人因意見不合而引起爭執，當然也包括店家與消費者的不同立場。最常看到預防糾紛產生的方式，就是店家在店內張貼告示：「限用餐兩個小時」、「限最低消費八十元」、「桌上剩餘菜餚過多需罰鍰一百元」、「外帶只限一碗白飯」、「特價品無法退換」等；的確，事先告知的做法就是預防糾紛的最佳方式。

一般來說，買賣過程中最容易產生糾紛，雖然多數消費者可能不喜歡店家祭出「限制」條款，但站在中道的角度來看，如果十位消費者在餐飲店坐上一整個下午，卻只點了一杯飲料，對商家來說的確不合理，所以必須於事先講清楚、說明白。

用白紙黑字的方式，或許無法完全讓消費者滿意，但至少可以降低糾紛發生的機率；另一方面，消費者宜熟悉自我的權益，必要時可求助消基會，因為有時店家的規定不一定是正確的，尤其是網路交易，一定要多搜集相關資訊、了解賣家評價以及相關規定等，才不會賠了夫人又折兵。

換言之，如果賣家或買家使出欺騙手腕，或是事先只講述好處的部分，引誘對方上勾，等顧客買了商品或進店消費後，才發現事實並非如此，恐怕才是最讓人氣不過的事情，糾紛自然也會因而產生。

小亮日前在業務人員的鼓吹下，買了一項投資，但業務人員不僅沒事先告知他每一年還需要付出數萬元的金額，也沒有告知一旦投入後，會有一段閉鎖期，無法贖出，結果讓小亮押了一筆為數不小的錢在那裡，完全無法靈活運用，氣得直跳腳，不但對該業務員及其公司留下極差的印象，也準備對他們提出法律訴訟。

上述所談，都是如何避免發生糾紛，但如果真的發生糾紛怎麼做？首先，氣話不要說出口，控制方式如〈氣話／狠話怎麼說〉章節所言「三步驟」；再來就是搭配道歉與委婉的態度。

台灣人講求「情理法」，西方人講求「法理情」；西方原則比較適合做糾紛處理的參考標準。首先，要先向對方提出對你有利、站得住腳的立場及說法，像是消費者權益的相關規定或法令；再來是講話時的態度，請盡量保持禮貌與委婉，關於這點，通常能讓糾紛不至擴大，甚至能大事化小、小事化無，所以切記千萬不要理直氣壯，要理直氣和，同時向對方說明為什麼要這樣做的原因；最後再動之以情。

不過，設若遇到的是車禍糾紛，關心當場有沒有人受傷最重要，如果有，千萬不要繼續起爭執，要先打電話叫救護車處理傷者；如果沒有，只是車子擦傷，就要先面對法理。

幾乎所有車禍事件中，每個當事人都會說自己是苦主，錯在對方。當然，若有行車紀錄器就方便許多，如果沒有，請務必維持現場原狀，然後照相存證，尤其，確定不是因為你的錯失而釀成災禍。但如果發現自己理虧，一定要先下車道歉，並留電話聯絡……。

假如發生比較嚴重的車禍，不但要先誠懇道歉，詢問對方有沒有受傷，趕緊打電話請警察前來處理，並告訴對方：「一切後續賠償，保險公司會負責，不要擔心……」

千萬別說：「我會負責到底。」

所謂的「負責」，到底是負什麼責？萬一遇到對方得寸進尺，恐怕就難以脫身了！

如果發生的車禍是狀況不明，處理方式就不一樣了！建議你，由於狀況不明，千萬不要先示弱或表現低姿態，這是預防遇到不講理的人，對你緊咬不放，認定是你錯。這時候防範糾紛的最佳方式就是直接找警察處理。

說話技巧
MEMO紙

公關高手的經驗談：當發生各說各話的時候，最好的方式就是找來值得信賴的第三者調停，像是當你和店員發生糾紛，直接請老闆出面解決！

第四項 道歉的話怎麼說

阿正是一位知名的作家。

一天，他跟記者相約在咖啡廳訪談，當雙方正聊得起勁，店員突然冒昧地走過來警告他們，這裡不能久坐。阿正和記者頓時愣住了，因為這家咖啡廳沒在消費前告訴他們有限制用餐時間，店內也沒張貼限制用餐時間的告示，於是阿正禮貌地詢問店員：「請問您們有明文規定用餐時間是多久嗎？或是事先告知客人只能用餐多久嗎？」

店員頓了三秒鐘後，支吾回答說：「可是現在店裡客人很多……」

阿正聽到店員無法提出店內有任何規定的說法，接下來，再次以抱歉做為開場白，用婉轉卻堅定的語氣告訴店員：「非常抱歉！因為您們沒有事先告知，現在要客人轉到其他店去，太浪費時間，所以我們還是會繼續在這裡訪談，但下次我們會到別的地方消費，不好意思！」

店員聽完阿正既明理又有禮貌的說詞，加上自己理虧在先，於是順勢退一步表示接受，雙方原本一觸即發的口舌之戰，就在阿正得理又饒人的處理下，和平落幕。

千萬別小看道歉，道歉的力量非常大。道歉，其實是一位勇者的表現，只有具備勇氣的人會認錯，肯把「對不起」說出口，所以孔子才說：「知恥近乎勇。」千萬不要以為道歉是示弱的行為。

有三種關係是吵贏的人必須比低頭的人更需要付出代價的。

第一種是夫妻之間。很多夫妻常執著吵贏才有面子，才能代表誰當家；吵贏了卻失去婚姻，與低頭道歉但贏得婚姻，你覺得哪一個比較有價值？

第二種是老闆與顧客之間。老闆吵贏，但失去顧客，贏到壞名聲，從此沒有顧客願意上門，老闆真的贏了嗎？所以服務業才會有一條金科玉律：「顧客永遠是對的」；不過我們認為，如果把它換成：「顧客不見得永遠是對的，但服務永遠是對的」可能更好。

第三種關係是下對上之間。學生跟老師、下屬對主管，或是孩子對父母，即使當下吵贏了，以後可能會產生如下後遺症：功課被當掉、無法升官或是下週沒有零用錢！遇到這種狀況，好漢不吃眼前虧，還是先道歉再說吧！

道歉時，最重要的是表情要正經、態度要誠懇，語氣不能輕佻。譬如A說：「真的非常抱歉！都是我的疏忽，非常不好意思！」B說：「好啦！好啦！不要講了，都是我的錯，可以了吧！」雖然同樣都是在說道歉的話，但A和B的說法與態度大有天壤之別。

此外，有的人習慣在道歉的同時也一併把對方脫下水，譬如自己遲到，一邊忙著說對不起，還一邊數落對方：「你怎麼沒有打電話提醒我，再跟我確認一次呢？所以我才會遲到……」；這樣的道歉是很糟糕的示範。

最好的道歉方式是誠懇的道歉，再搭配「踩話頭」的技巧，趕緊把高帽子扣上，再加上真誠的態度，對方即使想生氣，恐怕也氣不起來，譬如：「對不起嘛！我知道你這個人寬宏大量，你的寬闊胸襟遠近馳名，你一定不會跟我這個笨蛋計較囉！如果你跟我計較，有失風度喔！」

另外，如果是情人或夫妻吵架，需要道歉時，建議你，最好附帶送上一份對方喜歡的小禮物，這就如同有些女孩會故意跟道歉的男朋友說：「要我接受你的道歉，可以啊！那要看你有多大誠意囉！」

除了態度誠懇外，有時候一份小禮物、做一件讓對方驚喜的事，都能為你的誠意加分，不過最重要的還是下一次不要再犯重複的錯誤；雖然耶穌曾經說過，原諒人七十個七次，不代表你就可以一直闖禍、惹人生氣；每個人都有忍無可忍的限度，也有接收道歉的底限，最重要的是，當你傷害對方後，道歉只是彌補對方的開始，接下來的行為才是重點。

萬一有人拉不下臉道歉，該怎麼辦？這時不妨尋求第三者幫忙，請彼此都熟悉且值得信賴的第三者幫忙傳話，或說些好話，這是比較有效的方式；此外，善加利用現在的通訊方式，假如你不好意思當面跟對方說對不起，不妨寫封 e-mail 或傳封簡訊給對方，但做這些事之前，最好要先清楚知道對方有沒有收 e-mail 或簡訊的習慣。

如果不確定，只能把它們當作輔助工具，還是要打一通電話告訴對方：「有些話，我不善於當面告訴你，所以寫了封 e-mail 和簡訊給你，請你有空時收一下信，或看一下簡訊。」

使用簡訊或 e-mail 的方式來傳遞道歉，有其優勢；有的人生氣當下聽不進任何人的道歉，甚至有時會誤認你表現的音調、說詞或表情不夠真心誠懇，這時候先透過簡訊或 e-mail 傳遞，由於文字比較理性且客觀，大多數的人都願意看簡訊，即使是仇人寫來的簡訊，都會被打開來閱讀，因此，有時簡訊比當面直接表達或打電話有效。

這時要注意，因為文字缺乏表情和聲音，如果你的文筆不佳，或是無法保證用字遣詞無誤，有時候也可能造成反效果。

說話技巧 MEMO 紙

公關高手的經驗談：當你沒做錯事，還是習慣在嘴邊掛上「對不起」或「不好意思」，譬如：當你無法答應幫對方的忙，但仍會跟對方說：「對不起！這次無法幫到您！」不但會讓人覺得你的態度好，也會對你留下深刻印象！

第五項
祝福／鼓勵的話怎麼說

小愛在臉書上寫了一篇關於自己最近心情低落的文章，兩個小時後，臉書竟然有二十幾位朋友留言、十幾位朋友按讚，小愛選擇先點留言進去瀏覽有哪些朋友留言。

當她一一閱讀時，甲寫：「加油！」乙寫：「加油！我會一直在妳身邊……」丙寫：「加油！雖然幫不了妳什麼，但是會為妳祈禱，願上帝愛妳。」小愛發現，雖然朋友都在為她加油打氣，但帶給她感動與溫暖的程度竟然不同，其中有一位朋友寫了十多行字回應她的心情，讓她感動不已，除了回應一長串的文字感謝這位朋友的鼓勵，心裡想著：「我也要常常打開這位朋友的臉書，關心他最近的狀況」。

另外，寫一到兩行的朋友，她也留言答謝，其中也有朋友留言不多，但引經據典的內容讓她印象深刻。

科技發達，傳遞訊息的工具也越來越多，像電話、簡訊、e-mail、msn 或是臉書等，都可以派上用場成為最佳的溝通管道；只不過，當管道越多時，很多人會輕忽掉傳遞祝福或鼓勵文字的注意細節。

以現在普及的臉書為例。在臉書上po文的人，多數是希望有人關心他、鼓勵他或是祝福他；切記，如果透過臉書祝福或鼓勵人，一長段句子勝過一句話；一句話勝過加油兩個字；加油兩個字又贏過按讚的人，不過，只按讚的人還是比什麼都沒表示的人好。

從小愛的案例來看，會說、會寫祝福或鼓勵的話，是需要多練習文字，因為祝福或鼓勵的話，將成為你對朋友用心程度的表現，不要不相信短短的幾行字對於看po文的人來說，層次與會心程度的差異！所以，平常多看書、多聽人說話，對你說或寫出祝福、鼓勵他人的話將有所助益。

除了在臉書上po文祝福或鼓勵外，採用卡片或簡訊，切記不要只在印有文字的卡片簽名了事，至少親筆寫幾句話，才夠誠意，才夠真情；生日卡如此，用簡訊傳達鼓勵或祝福別人一樣如此。

小愛是個感情細膩的人妻，和老公阿康結婚十多年來，感情向來恩愛，從BB call到傳手機簡訊，都是他倆保持情感溫度的祕密武器。

近年來，她與老公開始愛上臉書，時常透過臉書相互鼓勵打氣；有一天，阿康在臉書上po了一則他的心情短文，小愛看到後回文鼓勵他，過了兩個小時，阿康出現在臉書上，開始回覆朋友的po文，由於習慣用罐頭簡訊，沒想到，連回應小愛的po文也採用複製貼上，讓小愛覺得很受傷。

到了晚上，阿康回到家，進門見到小愛委屈地坐在沙發上，阿康未及放下公事包，就連忙跑過去摟住小愛，問她：「發生什麼事了？」

小愛噙著眼淚，說：「下午看到你用罐頭簡訊回應我，讓我覺得很受傷，我那麼用心回應你的po文，想鼓勵你，但你卻用敷衍了事的態度回應我的用心，這會讓我覺得你很不重視我……」

阿康這才明白，原來他一直以為罐頭簡訊既方便又省事，哪知道會讓對方覺得他在敷衍、不誠心，阿康對小愛打包票，以後絕不再貪圖方便。

此外，祝福或鼓勵的話，也要看當時的人、事、時、地、物等狀況來說，如何說？將會影響到祝福或鼓勵的話是否有加乘效果。

好友小楊的妻子前陣子生病了，恰好小楊的生日也在那幾天，過去阿康都只是傳封簡訊祝賀他，但今年不一樣，阿康知道小楊憂心忡忡，煩心妻子的病情，所以今年生日，阿康決定親自打電話慰問他，同時了解他和妻子的現況。

到了小楊生日那天，阿康打電話給他：「我相信你今年的生日願望一定是希望妻子早日康復，而我的生日雖然是在下個月，但我今年的生日願望就是你的願望能夠成真。」

小楊聽到阿康雪中送炭的祝福，頓時淚如雨下，感動到不行！

說話技巧
MEMO 紙

公關高手的經驗談：平常想到什麼佳句美文就把它用筆、手機或電腦記錄下來，當有一天需要使用時，拿這些詞句當作罐頭簡訊傳給朋友，至少它是出自於你的想法。

第六項 祕密／心事怎麼說（難過時怎麼說）

許多文明病，像憂鬱症，甚至癌症，就是因為心事或祕密沒有找到適當的管道說出來，形成古人所說「抑鬱而終」；說白話一點，就是把不愉快的心事悶在心裡，造成嚴重內傷；所以衷心建議大家，人生在世，有一知己足夠矣！

何謂知己？當你做錯事，敢指責你的人。有一種朋友只會對你說好聽話，當你跟他訴說心事、訴苦，他會一味挺你，站在你這邊，這種朋友還不夠條件當知己；真正的知己，除了當下先挺你，事後告訴你，這樣做不好，並建議你該怎麼做才會比較好。

擁有知己，有什麼益處呢？第一、比較健康，不會什麼事都憋在心裡；第二、有正確的人生態度，無論你做了哪些不對的事或走偏差路時，他們會糾正你，幫你導回正確方向。

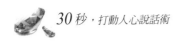

當你有祕密心事想說卻又不知道怎麼說，就要找到對的人訴說。如果找錯人，最常見的狀況就是，你找到的是一個「廣播電台型」的朋友，當你告訴他：「我今天不小心拉肚子拉在褲子上。」明天全公司的人都會知道你昨天拉肚子拉在褲子上了！

除非你正好想透過這樣的朋友幫你宣傳這件事，否則，如果你只是想宣洩心事或祕密，千萬不能找喜歡傳八卦消息的朋友，要慎選對象傾吐，這個對象最好要會聽、會安慰鼓勵，還會給你正確方向的朋友；請注意，當你選好對象後，一定要全盤托出，不要有所保留，才能達到宣洩的目的。

說話技巧 MEMO 紙

公關高手的經驗談：萬一你真的有些話無法對朋友、家人傾吐，就請你去尋找屬於自己的信仰吧！

第七項 責備／建議的話怎麼說

俊霖是一位專業能力強的企劃高手，心高氣傲，如果當面糾正他的錯誤，恐怕會讓他感到沒面子，進而不爽。

某日，針對一項重要的企業標案，老闆方先生看過俊霖的提案後，建議他修正結尾力量不足的缺失，卻擔心稍不小心會打擊到他的士氣。

經過一天的思慮，方先生決定將原本要跟俊霖說的話：「這個提案你做得非常好，可惜結尾有點弱……」的建議改成：「這個提案你做得非常好，若是結尾的部分再加強，絕對勝券在握。」

聰明的俊霖一聽就明白，那是老闆不著痕跡的提醒，不致讓他有絲毫不舒服的感覺，於是他立刻著手修正，三天後標案也順利拿到手！

當你想要責備或建議朋友，首先，態度一定要委婉，不要帶有不良的情緒。只要態度強硬、不委婉，自然會有人不屑於順從，但只要撥亂反正委婉些，對方心裡自然會想：「加減聽一下好了！」這個道理可從 0800 客服電話中得到印證。

不難發現，客服電話人員的講話態度都很委婉，因為唯有委婉的態度才能澆熄客戶的怒火，才能獲得對方願意聽你解釋或說明的機會。

再來就是措詞。第一步，要學會先肯定對方，誇獎對方能力做得到的部分或是對方的優點，第二步再提出對方可以修正的部分，譬如對方寫的文章錯別字太多，你要責備或建議他的時候，可以這樣說：「你的字寫得很漂亮，可惜錯別字太多」。

如果你希望能完全不著痕跡，委婉建議對方，就必須在細節上下功夫，像是：「你的字很漂亮，不過錯別字太多」，可以改成：「你的字寫得不錯，若是再少一點錯別字就更好了！」

只是使用「不過」與「若是」這兩個轉折語句，就能讓聽的人產生極為不同的感受。

用字遣詞是一門大學問。台灣公益廣告協會曾製作過兩支針對孩子心靈教育的廣告，獲得極大迴響，它就是透過同樣的文字，不同的排列組合，引發出完全不一樣的感受。

● **廣告「笨篇」**

原文是：「這題你不是練好幾遍，笨得喔！」

經過重新排列組合後變成：「你不笨，是這題得練好幾遍喔！」

● **廣告「沒用篇」**

原文是：「什麼都不能跟人家比，誰像你一樣沒有用啊！」

重新排列組合後成為：「沒有誰能像你一樣啊！不用什麼都跟人家比。」

同一齣戲，使用不同的措詞，呈現的結果也不一樣；就像請周星馳，或侯孝賢來導同一部戲，戲碼的呈現方式就會完全不一樣；換句話說，文字具備相當大的「可變」力量，端看你怎麼使用，如何運筆了。

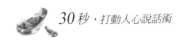

●廣告「文字的力量」

一位眼盲的老先生坐在天橋階梯邊乞討，身旁擺了一塊紙板，上面寫著：「I'm blind. Please help.」（我瞎了，請幫助我。）但路過的行人視若無睹，偶爾見到一、兩個人隨手丟下幾枚銅板給他。

不久，一位黑衣女子匆匆走過這位老先生面前，後來又折返，接著拿起筆在老先生的紙板背面寫了一些字後離去，結果，路人給的銅板突然多了起來，而且每個人丟錢的動作顯得文雅許多，不再隨手一擲就走人。

當黑衣女子再次返回時，老先生問她：「妳在紙板背面寫了什麼？」

這位女子回答他說：「我只是使用不同的文字。」

當鏡頭轉向紙板，謎底終於揭曉，原來這位女子寫了這麼一段話：「It's a beautiful day and I can't see it.」（這是美好的一天，而我卻看不見。）

記住，當你提出修正建議後，還是要跟當事者強調，修正後可以達到什麼樣的效果；譬如：小明寫的字好漂亮喔！如果你能把字全都寫在空格子裡，不但媽咪開心，老師也一定會誇獎你。

最後，要教大家兩個上乘的指責和建議的話如何說得恰當。不要以為指責對方的過失或是建議對方如何修正，就非得「拔刀」出來，有時塗上「蜂蜜」一樣能達到同樣效果，甚至更好；這個道理就像小時候聽過「北風與太陽」故事，北風再怎麼用力的吹，路人還是把大衣拉得更緊，當和煦溫暖的太陽一出來，路人就把大衣脫掉了！同理可證，委婉與適當的言詞就是太陽，咄咄逼人與尖銳的言詞就是北風。

另一個是在「恨鐵不成鋼」的情況下，拿自己來罵的方式也很有用，只是它的影響範圍比較有限，其作用對青春期小孩，或是在上對下的關係比較看得出效果。

「唉喲！我感覺自己是一個失敗的父母，教你那麼久，還是沒辦法把你教會，以後母姊會我都不敢去了！我對自己很失望、很難過，我是個沒有用的媽媽。」

話說回來，孔子曾說，益者三友是友直、友諒、友多聞；損者三友是友便辟、友善柔、友便佞；用白話口吻來說就是，與正直的人交朋友、與誠實的人交朋友、與見多識廣的人交朋友，對你是有益處的；與邪門歪道的人交朋友、與讒媚奉迎的人交朋友、與花言巧語的人交朋友，對你是有害處的。

譬如甲和乙兩個政黨在互鬥，結果甲政黨裡有一隻烏鴉膽敢指出黨內做不好的地方，雖然同儕譏笑他，乾脆加入敵黨算了！可是，中間選民就特別喜歡他，這些選民常誇他不像朋比為奸的政客，只會說自己政黨的好話；交朋友也是一樣，如果你的朋友敢對你說真心話，勇於指責你做錯的地方，這是很不容易的事。

最後，換一個角度提醒大家，誰沒有犯過錯？也許當你想生氣、想責備、想怒罵對方前，先注意到這一點：將心比心，你就能心平氣和，與對方坐下來好好談了！

某天，有一群人把一位淫婦綁起來，帶到耶穌面前，控告她行淫亂之事的罪行，然後詢問耶穌：「這個被我們抓到的淫婦，您打算怎麼處置？照聖經記載的說法，是要用石頭打死她的，您的看法如何？」

由於耶穌來到世間是要赦免世人的罪，是要告訴世人關於愛與饒恕，如果耶穌這個時候對群眾說：「原諒她！」那耶穌就完蛋了！因為聖經明載，這樣的人是要用石頭打死她的，倘若耶穌選擇原諒，群眾就可以利用耶穌不遵循聖經的藉口，反過來拿石頭丟耶穌，因為聖經記載：不遵循聖經的人，可以用石頭打死。

如果耶穌的回答是：「用石頭打死這名淫婦。」也不行！因為群眾會反駁耶穌，您不是一直向我們宣揚：神愛世人，要原諒人七十個七次嗎？為什麼還要打死她呢？這不是自打嘴巴嗎？

所以，耶穌說打，不對；原諒她，也不對，這是個進退維谷的情況；這時，只見耶穌從容不迫地說：「沒有犯過錯的人，現在可以拿石頭打她。」

結果從老到少，大家都停下來。

甲心想：我昨天才罵過人，於是走掉了；乙心一驚，我昨天詐賭過，也走掉了；丙回想昨天偷拿父母的錢，也走掉了！丁思忖，前幾天偷抓了隔壁鄰居家的雞，他也悄悄離開了！

最後，一個接一個離開了，耶穌便對淫婦說：「沒有人定妳的罪，我也不定妳的罪了！以後不要再犯了，平平安安的離開吧！」（原文記載在聖經約翰福音八章3—11節）

說話技巧 MEMO紙

公關高手的經驗談：一個團體裡，烏鴉最可憐、最難當，為什麼？烏鴉，就是敢指出錯誤的人，往往會被同儕排擠、討厭。

第八項

窩心／噁心的話

阿勇與小可是一對恩愛夫妻，兩人常跟對方說要一輩子膩在一起。不料，小可做健康檢查時竟發現罹患癌症，為了抵抗病魔，小可勇敢地接受化療，因為藥物關係，原本讓小可引以為傲的巴掌臉顯得有些浮腫，小可很在意，整個人開心不起來，阿勇知道後，捧起小可的臉頰，告訴她：「老婆，為什麼妳認為自己的臉腫脹？我感覺妳比全世界百分之九十九的女人還漂亮。」

雖然阿勇讚美小可的口氣有些誇張，小可卻打從心底歡喜起來。

什麼時候需要說這樣的話？最常見的就是夫妻、情人或親子。窩心的話會讓人聽來舒服，它不需要過多華麗的修飾綴詞，雖然簡單，卻易於讓人感動；相反的，噁心的話則比一般的讚美語言多了些浮誇，像是美若天仙、沉魚落燕等都誇飾的稱讚，是為噁心的話。

有一天，阿勇和小可在客廳裡觀看電視連續劇，正巧播到男女主角結婚的場面，阿勇有感而發，轉頭看著飽受放化療所苦的小可，握緊她的手，對她說：「老婆，妳還記得當年在婚禮上，我對妳說：『Yes, I do.』；今天，不管妳變得怎樣，我依然永遠愛妳。」

雖然沒有華麗的詞藻來表達阿勇對小可的愛，但簡單的一句話，就讓小可感到窩心又感動。

對於如何說窩心或噁心的話，我們的建議是不用設限，盡量發揮！越貼心或越噁心越好，尤其是情人或夫妻之間。

小可因為生病，必須長時間待在家中，阿勇擔心上班時間小可一個人待在家裡會寂寞，便趁空檔傳簡訊關心小可。

今天，阿勇利用午休時間傳了一封簡訊給小可，小可收到後樂不可支，整個下午的心情好極了，阿勇到底寫了些什麼？

簡訊上記錄著：「老婆，妳今天的腳一定很痠吧？因為妳今天在我的腦海裡跑了一整天……」

對朋友偶爾也可以說些窩心或噁心的話。若是麻吉好友在你失戀時，陪你一整夜，失意時，幫你打氣加油，你想要謝謝他，可以傳封簡訊告訴他：「這輩子擁有你這位知己，我覺得這一生了無遺憾！」這些話雖然簡單、不長，但都能讓人感到窩心。

某家醫院的一間雙人病房裡，住著兩位老婆婆阿花和阿珠。一天，阿花散步回來，看到阿珠坐在病床上哭泣，阿花關心的問：「妳怎麼啦？為什麼哭呢？」

阿珠哽咽地回答：「今天我兒子買東西來給我吃……」話沒說完，又哭了起來，阿花真是丈二金剛摸不著腦袋，說：「妳的兒子拿東西來孝敬您，不是很好嗎？為什麼還要哭呢？」

阿珠邊抽噎邊說：「妳女兒上週帶燒肉給妳吃，還因為擔心妳咬不動，先放在自己嘴裡咀嚼了好幾下，再餵妳吃，我兒子看到了，覺得妳女兒很孝順，今天也想學妳女兒……」

阿花一聽便說：「那不是很好嗎？我看妳是因為太感動了吧！」

阿珠聽完，反而大哭起來，說道：「不是……因為我兒子今天帶來的是甘蔗。」

如果你像阿珠婆婆的兒子一樣，不會說窩心的話或不會做使人感到窩心的事，不妨先學會細心、體貼與察言觀色，看看別人怎麼做才能讓人覺得窩心，而不能一味東施效顰。

一般來說，會讓對方感到窩心或貼心的人，通常心思都很細膩，才能說出讓對方覺得窩心的話，或做出令對方感動的事。

某天，吃過晚飯後，全家人坐在客廳，圍著桌子準備玩撲克牌，小可的兒子小牧突然問媽媽：「媽咪，等一下您想坐著玩？還是躺著玩呢？」

小可一時遲疑，為什麼兒子要問這個問題？她回答小牧：「媽咪今天精神比較好，等一下我要坐著玩。」

小牧順手拉起媽媽的手，牽她走到有枕頭、可以靠背的沙發上，對她說：「那您坐這裡。」

小可這才恍然大悟，原來小牧是為了幫她找個坐或躺都舒服的位置，讓她可以舒適的玩牌，小牧小小的舉動，讓小可感動不已。

如果你還是看不懂、學不會說窩心的話，做窩心的事，建議你不妨直接開口問對方，怎麼做才會讓他感到窩心？當對方回答：「天氣那麼熱，如果可以一回到家，家裡就已經開好冷氣，我就會覺得窩心。」這時，你就把他說的話記下來，不一定當場就做，但因為你記住他的需求，下回他要回家前，先打開冷氣、冰水端上桌，對方一定會被你的善意感動。

台灣有個被彼岸稱為「最牛的出租車司機」，叫周春明。當不少司機還在煩惱下一個乘客在哪裡時，他苦惱的卻是預約滿檔，挪不出更多時間服務其他乘客！

為什麼他可以做到如此地步呢？

A小姐早上七點搭乘周春明的車子上班，一上車，她喜歡的自由時報已經擺在後座；蛋半熟、不加小黃瓜的三明治、無糖豆漿也都買好了……為什麼周春明會知道A小姐的習慣與偏好呢？因為上回A小姐搭車時，跟周春明聊天的內容，他通通把它記下來了！

說話技巧
MEMO 紙

公關高手的經驗談：噁心的話千萬不要對外面的女人或男人隨便講，因為說這樣的話可能會造成外面的女人或男人以為你對他們有意思。

第九項
老實話怎麼說

有一位國王突然心血來潮詢問他的首相說：「這一輩子你最喜歡的是什麼？」首相毫不猶豫地回答：「當然是錢啊！」

國王鄙睨地看了他一眼說：「俗氣！」然後仰頭，得意地說：「我最喜歡的是正義與仁慈。」

首相瞥了國王一眼，無奈地說：「那當然啦！坦白說，一般人缺什麼就會喜歡什麼。」

雖然只是一則笑話，不難發現，老實話的確不中聽。說老實話，就是誠實坦白地告訴他人；這樣的話術，乍聽之下似乎不適合現代人使用，其實不然，對孩子，可以說老實話，為了他的未來發展，有時候必須坦白面對；至於可以推心置腹的朋友，說老實話，友情關係才能長久。

有一回，小蔡和朋友小強各自帶了一顆球一起玩耍，玩到後來，小強卻拿了小蔡的球，小蔡請他歸還，小強用很不耐煩的態度，把球丟還給他，還嗆聲說：「有什麼了不起，給你就給你，拿去啦！」

小蔡聽起來覺得很不舒服，當他跟媽媽說起這件事時，媽媽趁機告訴他：「今天這件事是不是讓你體認到，如果你像小強一樣的態度，就交不到好朋友；不過……如果你還是把小強當做好朋友，下次你就要老實跟他說，他這樣做會讓你覺得很不舒服。」

由於老實話不中聽，大多數的人都不喜歡。如果要說、必須說，記得開場時先使用「踩話頭」技巧，譬如先問對方：「你覺得自己是個願意聽實話的人嗎？」或是「我可以跟你說實話嗎？」這樣的問話，其實就是先挖了一個洞，讓對方往洞裡跳，因為通常大家的答案都會是：「可以啊！」很少人會對你說：「喔！不……我不喜歡聽實話……」。

先把醜話講在前面，同時讓對方提前做好心理準備，這就是「踩話頭」的優點；假如你擔心說實話會損傷到彼此之間的友誼，不妨先對他說：「如果我講實話，你以後會不會討厭我？」對方若有稍微的猶豫，你可以就此打住。

當然，你也可以很真誠地告訴對方：「因為你把我當好朋友，有些實話如果不告訴你，我會覺得對不起你。」甚至可以套用「名人光環」，例如：「孔子說過，只會諂媚阿諛、說好聽話的朋友，不會是好朋友，既然我是你的好朋友，有些老實話我必須跟你說，就不知道你肯不肯聽進去？」

這時，對方一方面被你的前言挑起好奇心；另一方面，也有心理準備，比較不會生氣且願意接受。

說話技巧 MEMO紙

公關高手的經驗談：老實話不中聽，如果真要說，開場時記得先使用「踩話頭」技巧。

第十項 套出別人的話怎麼說

什麼時候需要從別人口中套話呢？這不是要你去當間諜。譬如父母親不小心看到孩子的日記，發現孩子有困擾需要幫助；或是友人希望你能幫忙規勸某人時。當你遇到這些情況，就需要學習套話的技巧了！尤其在你已經知道事情的來龍去脈，還得假裝從別人口中套出話來，這就更需要演技了！

通常要套出對方的話之前，一定要先從共同的話題聊起，最好是風馬牛不相干的事，譬如你要對A探口風，知道他對B女是否有好感，絕對不能劈頭就問：你到底喜不喜歡B？最好先從旁敲側擊開始。

再者，你想要套出別人的話，最好先丟出自己的心事、祕密或糗事做為誘餌，譬如當你要勸和一對夫妻，不妨把自己和太太曾經吵架的事當作例子；如果面對失意、低潮的人，可以跟他分享自己經歷過的低潮，又是如何走出來的經驗。

小喬和麥坤，這對新婚夫妻吵架了。

小喬離家出走去到好友采潔與阿祖夫妻的家中。當采潔正在勸慰小喬時，阿祖聽見小喬說：「如果我老公有打電話來，我就願意回家；如果他不打電話來，我就在你們家借住一個禮拜。」

這時，阿祖知道應該要打電話給麥坤，可是如果直接跟麥坤說，你老婆已經透露，只要你打電話來，她就願意回家，若是這樣做，豈不是讓小喬下不了台；於是阿祖想了想，決定撥通電話給麥坤：「麥坤，聽說你和老婆為了一些芝麻小事吵架了，你們倆感情那麼好，你捨得讓老婆住到我們家嗎？」

麥坤還在氣頭上，忍不住反駁：「是小喬不對在先啊！她……」阿祖先聽麥坤發洩完後，繼續說道：「你看看我，男子漢大丈夫，每次跟我老婆吵架，都是我先低頭；先低頭，表面上好像輸了！事實上卻贏得婚姻的美滿；不低頭，看似贏了，卻輸了婚姻與美滿的家庭，值得嗎？」

這時，麥坤生氣的情緒逐漸轉弱，阿祖趕緊再補上幾句討好的話：「男子漢大丈夫能屈能伸，特別是沒犯錯還能先低頭，我打從心底敬佩你這條鐵錚錚的漢子。」

說話技巧
MEMO紙

公關高手的經驗談：想要套話，必須耍點權謀和培養一些演技。

|實戰篇|

股神巴菲特不會教你的 10 堂致富術

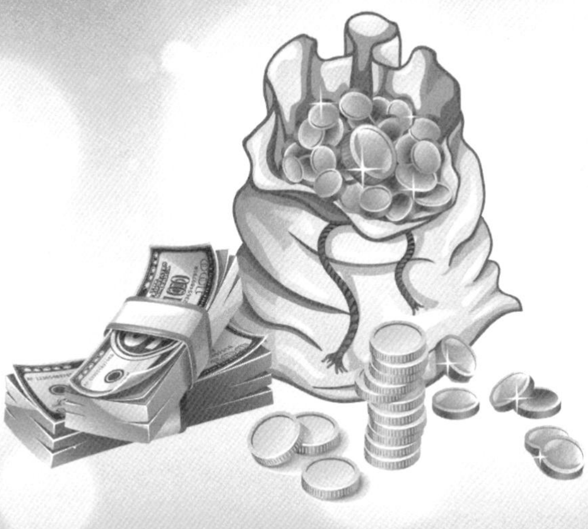

狀況一

遇到講理的人／不講理又咄咄逼人的人怎麼說

「是否麥當勞已沒有辣雞翅？是否我還要等一小時？是否對於雞翅我一定堅持？唯有辣味雞翅才是美食；是否炸雞解凍需要一小時？我真的是不能接受這事實，是否叫你們店長出來解釋？我在半夜想要吃隻辣雞翅。」

這首改編自羅大佑名曲的「是否歌」，曾經在網路上擁有超高的點閱率，起因來自於一位不講理的客人跟一位試圖向對方說理的店長。

「是否歌」的事件內容講述一位男子到速食店買餐食，當他說要買辣味雞腿時，店長請他稍稍等候，無論店長如何面帶微笑、好言好語地安撫，這位「是否哥」仍舊不客氣地指責對方，同時在話語中不斷重覆：「是否？是否？」

熱心的網友就為他編了一段「是否歌」，爆笑程度到達破錶地步，這位客人也因而被網友暱稱為「是否哥」。

事實上，這位不講理的客人本來只是把他質問店長的錄影po上網，以為可以獲得廣大網友的支持，進而讓這位店長難堪，但他萬萬沒料到，網友多數是講理的人，他的作法不但引不起作用，反而呈現一面倒向聲援笑容可掬的店長的窘態，讓這位「是否哥」最後不僅刪除影片，還親自捧花到店內致歉。

●遇到講理的人怎麼說

從「是否哥」這個真實案例中，不難發現，面對講理或不講理的人，說話的方式與作法也跟著有所不同。首先，人都喜歡聽好話，即使對方是個講理的人，「高帽子的讚美話術」還是很適合當成開場白：「今天最高興的事，莫過於遇到一位講理的人，不像以前認識的那些不講理的人，實在很難溝通，簡直是秀才遇到兵有理說不清，今天很慶幸，你是一個講理的人，所以我們就來講道理吧！」通常這樣的開場，都能維繫不錯的談判基礎。

不過，人難免會踢到鐵板。當你今天為對方戴上高帽子，對方非但不領情，還表示：「沒有呀，我不是一個講理的人！」那你該怎麼辦呢？建議你，遇到這種情況，先別慌，用四兩撥千斤的方式來化解尷尬：「先生，你滿幽默的……」再將發球權丟還給對方，「那你覺得這件事如何處理會比較好呢？」因為對方是個講理的人，由他先開口，這樣才能知道對方的想法。

對於講理的人而言，在進入溝通、談判的過程中，除了跟對方分析情況、講邏輯外，特別是把規則、特殊情況、重要細節，還有最後可能導致的結果先講在前頭；講理的人最討厭放馬後炮或是不按牌理出牌，因為這會打亂預先準備好的計劃或安排。

志安想矯正牙齒，經過詢問多家診所的治療方式、比價結果，最後決定到某診所接受治療。

開始進行療程之後的第二個禮拜，醫師突然跟志方說：「牙套如果要使用透明色，需要另外加錢。」

到了第個三禮拜，醫師又跟他說：「這個用藥效果比較好，但要自費。」

最後志安終於忍不住跟醫師吵了起來；志安認為自己是個講理的人，該支付的金額，他一毛也沒少給，但是對於這些事後才告知的情況，讓原本已講好的事情發生變卦，這就超出了合理的範疇，令志安非常生氣。

換句話說，跟講理的人談生意或講事情，必須先把理由、規則講在前面，然後在談判的過程，條理分明、章法清晰與邏輯清楚，任誰都比較能接受。

●遇到不講理又咄咄逼人的人怎麼說

如果遇到不講理的人呢？前述的「是否哥」就是不講理的代表案例。在前面章節中，曾經提過「氣話怎麼說」，但現在要教你遇到不講理、愛講氣話的人，怎麼說話？

首先，當對方態度強硬時，你就要示弱、態度放軟一點，否則雙方都處在硬碰硬的狀態下，絕對是兩敗俱傷；再不然乾脆一開始就直接反問：「請問，這件事你要怎麼處理？」反問法是最容易解套的方式，把問題丟給對方，看對方如何出招；甚至還可以故意反將一軍，誇讚他：「還好你是個很講理的人……」

這個方式就是前述提過的「踩話頭」技巧，但需要巧妙運用「畢馬龍效應」。

譬如當大人帶小兒子出門，多半會先跟孩子說，因為你很聽話又乖，所以才帶你出來玩。小孩就會默默聽在心裡，接下來的表現大都特別乖巧。

當你先告知對方，哪些行為或作法會讓大人喜歡、欣賞或感覺很棒，大多數的小孩都會希望成為大人眼中期待的模樣，最後期望成真，這在心理學上稱為「畢馬龍效應」。

何謂「畢馬龍效應」？

畢馬龍效應是一個心理學名詞，又稱為自我應驗預言（self-fulfilling prophecy）。其典故來自於一則神話故事：畢馬龍是Galatea島的國王，他擅於雕刻，每次他都期許自己能雕塑出世上最美的雕像，最後他做到了，但也因而迷戀上自己雕出的少女像Cyprus，所幸後來真情感動愛神，賦予這座少女雕像生命，兩人才得以結合。

這個典故所衍生出來的「畢馬龍效應」，曾由美國著名心理學家羅森塔爾和雅格布森，在小學教學課程中予以驗證而提出，該效應暗示：人的情感和觀念會不同程度地受到別人下意識的影響，因為人會不自覺地接受別人的影響和暗示，尤其是自己喜歡、欽佩、信任和崇拜的人，進而變成他們期望的樣子，故該效應又稱為「期望理論」。

志安是一位成功的童書業務員。

有一天，他去拜訪一位家庭主婦阿嬌，她對志安銷售的書籍很感興趣，卻遲遲不肯下訂單，阿嬌後來透露，因為掌控家中經濟大權的人是她老公阿雄，但阿雄很「番」、不講理、很難溝通，如果想要購買這一套兒童叢書，非得阿雄同意才行，於是，志安決定隔天親自登門拜訪阿雄。

志安一見到阿雄，立刻採取「踩話頭」的說話技巧，他說：「聽您太太說，您是一位非常明事理的人，所以我今天特地前來拜訪，做生意最怕遇到不講理的人，只是為反對而反對，那種人給我們的印象很差……」

話才一起頭，志安就先用「講理」二字掐住阿雄的脖子，接著再舉出負面案例，暗示或提醒對方，不要像不講理的那種人一樣，志安連續出招，叫阿雄不得不讓自己表現的很「講理」，也不敢在跟志安交涉過程中，表現出為反對而反對的模樣，最後，志安當然順利做成這筆生意。

從另一個角度來觀察不講理的人，這些人是屬於情緒較容易失控的類型；換言之，如果要跟不講理的人溝通，就必須具備好耐心，先安撫對方的情緒，再慢慢地跟對方說清楚。

當對方處於情緒平穩的狀態下，就可以開始和對方調頻率，為什麼要調頻率？由於對方屬於不講理的人，他原本的頻率可能跟一般人不同，但為了要使談判持續下去，就必須把頻率調成一樣才行。

但要如何調整頻率呢？簡單來說，就是使用同理心，順著對方的意思，令對方覺得你和他是站在「同一國」的人，譬如，當對方正在為某事抓狂時，你必須一起加入他同仇敵愾的陣營，然後再幫他戴上一頂高帽子：「是啊！如果我是你，一定會加倍抓狂，你的ＥＱ真好，只是這樣說說他而已，你真是個好人……」聽到對方這樣說，你還生得了氣嗎？

有一天晚上，志安還在辦公室處理童書訂單的事，突然接到一位氣焰高漲、口氣甚差的男子打電話來罵人，這位男子不等志安說上幾句話，就不耐煩地打斷他說話，並大聲對他吼叫：「無……阮是不買不行吆！哼！」

志安立刻把姿態放低並安撫他說：「大哥是按怎……」沒想到，話還沒說完，男子就狠狠地兇了起來：「免叫得那麼親，反正阮就是不買就對啦！」

志安不畏對方的沖沖怒氣，繼續維持他一貫禮貌的態度說：「不買，無要緊！沒關係！大哥，我相信你嘛是一個阿莎力的人，可能是恁太太沒跟恁講，就做了這件代誌，才讓恁抓狂，想當年若是我老婆這樣做，我菜刀都快拿出來了！你卻只是打一通電話過來，我覺得你實在是個水準不錯的人……」

聽到志安這樣一說，男子的語氣開始變得緩和起來，說：「無啦！阮只是……今嘛不需要買這些書啦！後時再說……」

志安馬上接著回答他說：「無要緊！我們明天就去把書收回來，請問大哥明天下午有空嗎？」

原本一觸即發的火爆場面得以快速落幕，而志安也順利贏取第二天下午和男子再次溝通與說服的機會。

生活或職場中一旦出現不講理的人，就代表當下正有一件糾紛發生，處理糾紛問題，態度誠不誠懇格外重要，以客訴為例。當客人打電話向客服人員抱怨：「為什麼已經五天了，商品還沒寄到，電視上明明說三天內就會寄到客戶家，不是嗎？」

當客戶火冒三丈開罵之際，受過專業訓練的客服人員一定會用最誠懇的態度向客戶道歉；但今天若是客服人員在電話另一頭辯解：「不會啊！不可能……」試圖想要否認客戶的說法，情況一定更糟。

必須一提的是，有些人表現不講理，主要原因是沒聽到他感興趣、最在意的話題，你必須去推敲對方真正在意的事到底是什麼？

譬如，有的丈夫不答應太太買某一套書，對業務人員說，不是因為太太不會使用，是丈夫在意這套書的價格；換句話說，沒弄清楚對方真正的想法，反而圍繞在他太太不懂使用這套書教孩子，或這套書很好上手等話題，那你絕對拿不到這筆訂單。

同理可證，當對方表現出咄咄逼人的態度，不妨禮貌性的說：「不好意思！你有什麼想要表達的？」先讓對方質問後，再接著說：「是！我們會調查清楚，還有其他問題嗎？」倘若對方罵不夠，就讓他繼續發洩，你只需默默地聽，耐心等候對方宣洩完。

同時記得臉部要一直維持親切的笑容，「伸手不打笑臉」，等對方發洩結束，就沒事了！

切記，一個銅板不會響。如果遇到咄咄逼人的客戶，你若跟著對方起舞，兩個銅板滾在一起就會匡啷作響；相反的，如果你不生氣、沒反應，對方即使咄咄逼人到不可理喻的地步，時間久了也會覺得沒意思、沒輒了！

另外，以軟姿態、語調與好聽的話來緩和當下緊繃的氣氛，「好啦！不要生氣啦！我們一定會給你一個滿意的答覆，一定會優先處理，請您放心！」

尤其是夫妻、情人或家人相處，如果有一方表露出咄咄逼人，只要另一方願意說出近年流行的四句話：「我愛你」、「對不起」、「請原諒我」與「謝謝你」，絕對有用。

這四句威力甚強的話，過去沒人特別在意或廣泛地被使用，直到「零極限」這本書提到這四句話充沛的能量，才又被世人重視起來。書中披露，夏威夷有一位神奇的心理治療師修・藍博士，無需藉由任何藥物的輔助，僅憑藉這四句話做為清理人類行為的依據，結果治癒了一所醫院裡患有精神疾病的所有病患，造成極大的震撼。

我們也曾親身嘗試這四句話的力量。

實驗方式為，當其中一方盛怒時，另一個人就開口說出這四句話：「我愛你」、「對不起」、「請原諒我」與「謝謝你」，無論對方多麼憤怒，經由這四句話的「洗禮」後，對方竟然無法繼續生氣。現在，我們將這四句話帶到工作場域，效果非常驚人，值得大家嘗試。

說話技巧 MEMO紙

巴菲特的致富絕招：沒有人不喜歡戴高帽子，對講理或不講理的人都好用。

狀況二

遇到口才／學問淵博的人怎麼說

小蓮是個成功的業務人員，尤其擅長經營社經地位高、學問淵博的客戶，因為這類客戶財力佳，使她的業績一路長紅。

有一次，她去拜訪名律師曾大弘，一開口她就坦白跟對方說：「我最害怕拜訪律師，您們說話有條理，尤其那一雙明亮的眼睛彷彿隨時都能看透人心一樣；這次登門拜訪，我也無需多說什麼，說再多，在您面前都成了廢話，直接請您幫我們評鑑這套書的內容，有什麼地方是您想多了解的，我都樂意竭誠回答您。」

曾大弘聽完小蓮的開場白後，原本漫不經心的態度變得認真起來。

前一刻，曾大弘只是想找個碴，把小蓮攆走，沒料到小蓮先是戴他高帽子，又以請教的姿態，使他不得不概略的翻閱擱在眼前的套書，心想：「這個業務員果真有兩把刷子，措詞用得不錯。」──曾大弘直接挑明告訴小蓮：「說實話，如果妳剛剛是說『有什麼不懂的地方，再問我』，我二話不說，就請妳馬上離開！不過，現在我倒是很好奇，像妳這麼厲害的業務員，會推薦什麼樣的套書給我。」後來，小蓮順利拿到這位名律師的訂單！

對於學問淵博的人，我們建議採用「請教哲學」，尤其在還弄不清楚對方個性時。

譬如，一位書籍的銷售業務人員來到一位教授家拜訪，對方已然貴為教授，看過的書自然不下千萬，如果你要直接和對方談書，那就是在關公面前耍大刀了！這時不妨這樣說，「李老師，久仰大名，今天我拿來一套書是目前在銷售榜上排名前三的書籍，所以想請您評鑑一下，它到底有沒有資格成為台灣暢銷書的前三名」，這樣的說法，一方面不著痕跡地把這套書是當前銷售榜上第三名的優點帶出來；另一方面，也讓對方感受到，你是在請教他，而不是在跟他推銷東西。

不過，當對方需要用到你的專業來說服他時，你也必須要展現出你的專業魄力。

另外，無論你從事哪個行業的業務，只要對象是學問淵博或口才好的人，當發生對方質疑或是指責你的時候，千萬記得不要狡辯，立刻道歉。其實學問淵博的人，多數都是講理的人，遇到你謙謙有禮又客氣，尤其勇於認錯，反而更易得到對方好評。

小蓮拜訪一位英文老師瑪麗，向她推銷一套英文教材，沒聊上幾句，瑪麗的臉色突然一變，疾言厲色地質問她：「妳都沒有做準備就來推銷英文教材，妳這樣子對嗎？」

小蓮立刻誠懇地向瑪麗表示道歉：「老師，對不起！謝謝您的指教，因為這套教材是剛剛才送到，我想馬上拿給最有水準的英文老師來幫我們鑑定看看，所以第一個就想到您，我確實還沒準備好，有愧我的專業，今天就此打住，我下禮拜再來拜訪，請您再給我一次機會。」

瑪麗聽後，原本不高興且質疑的心情就此緩和下來，同時也使她對小蓮刮目相看，決定再給她一次機會。

隔週碰面時，小蓮的專業與謙恭的態度，讓瑪麗不但買下教材，從此和小蓮成為好朋友。

口才好的人最忌諱有人跟他爭辯，最好的做法就是先稱讚他：「大哥，你口才這麼好，沒去當律師實在太可惜了！」甚至當對方不好意思、擺手表示「沒有啦！」你還可以再補上一句，「哇！大哥，你口才好就算了！人還那麼謙虛……」

沒有人不愛聽讚美的話，西方有句古諺：「一滴蜂蜜比一加侖膽汁能夠捕到更多的蒼蠅。」（a drop of honey catches more flies than a gallon of gall）就是在彰顯說好聽話的功效。

如果遇到對方口才好，但卻講錯的時候，該怎麼做呢？除非你不想成交生意，否則對於學問、社經地位好的客戶來說，面子很重要，你可以不著痕跡地提醒他，千萬不要讓對方下不了台，也不要跟他們辯論。

值得注意的是，有些學問淵博的人反而不喜歡人家拍馬屁，也許覺得禮多必有詐；所以當你稱讚對方的時候（請參考「讚美的話怎麼說」章節），不要誇太多，多了使人膩、會覺得沒誠心，記得要恰到好處、分寸拿捏好，最好是不落俗套。

說話技巧
MEMO紙

巴菲特的致富絕招：最好不要為了做生意才去請教對方，而是真心抱持想跟對方請益的想法，三人行必有我師，各行各業都有其專業知識，趁這個機會，可以了解到平常沒機會接觸的領域；同樣的，當你是真心向對方請教時，對方也能感受到你的誠意。

狀況三

遇到很有原則的人怎麼說

年紀輕輕的阿飛在社區開了一間家電行，生意門庭若市。

有一天，為人很有原則，事事精打細算的老何前來挑選熱水器，阿飛親切地為他詳加介紹，就在兩個小時後，老何終於相中一款最新型的熱水器，詢問過價格後卻打算離開。阿飛問他：「何大哥，既然有中意的，為什麼不直接帶回去？」

老何搖頭回答：「我向來堅持貨比三家的原則，這樣才不會吃虧。」

阿飛送他到店門口，隨口跟老何說：「何大哥，我知道貨比三家都是為了比價，不過我這裡有我們社區其他三家電氣行的售價表，你可以參考看看！」

老何一聽，止住腳步，阿飛眼看有說服的機會，趕緊接著說：「天氣那麼熱，何必跑那麼多家折騰身體，我已經跟你保證最低價，還送你兩樣贈品。」老何轉回頭說：「那好吧！你先把其他三家的價格表拿給我看看。」

當阿飛把其他三家電氣行的價目表遞給老何，趁他仔細端詳時，繼續遊說：「如果何大哥現在就做決定，我再給你九折優惠，而且保證，如果買貴了，我們一定退還差價，你絕對不吃虧，既省時間，又可去逛街喝咖啡……」

看過價目表後，老何在心裡盤算了一下，「這家的價格合理，又有贈品，我也不用在大太陽底下辛苦比價，怎麼說都划算！」

最後老何與阿飛成交了這筆生意，雙方皆大歡喜。

根據經驗，遇到為人處事據守原則的人，若是他們執意抱持「我的原則就是這樣，請不要破壞我的原則」，我們會反問對方一句話：「如果在無傷大雅的情況下，稍微改變原則，又能對其他人產生助益，你願意通融、調整一下你的原則嗎？」或者直接問對方：「在什麼情況下，你的原則可以改變？」

譬如你詢問顧客，要不要決定買下這輛車？顧客可能會說，貨比三家是我的原則；有的店家可能就此放棄這位顧客，讓他到下一家，進行他的貨比三家原則；但也有業務人員會試著詢問：「什麼情形下，你可以立刻就答應呢？」或是更委婉地告訴對方：「先生，你的原則，我非常尊重，但我的確很想做成這筆生意，要不要說說看，什麼條件下你會選擇購買；若是你提出的條件，我可以滿足你，不是皆大歡喜嗎？假如你的條件我沒辦法接受，我也會尊重你的原則。」

如果對方回答：「沒辦法！」當然就尊重顧客的權利；一旦對方有任何回覆，就表示可以繼續進行談判，這時你可以根據他的需求，見招拆招；要是對方沒任何回應？請不要放棄，因為他並沒有直接拒絕你，表示正在猶豫，你尚可繼續遊說。

這種繼續發問的概念，即是「QBQ」這本書所提「問題背後的問題」。業務人員千萬不要只看表面問題，往往許多問題背後所隱藏的問題，才是顧客關心的關鍵所在；對於很有原則的人所下的原則標準，背後通常都有真正原因，你應該設法深入了解。

因此，發問的技巧就顯得很重要。問對了，問出對方的核心考量，找到他的阿基里斯腱（致命的弱點），就有機會打破他原本牢不可破的原則了。

有些人搬出原則來，只是為了要打造一道跟你之間的防線，為了跨越這條防線，你可以透過「戴高帽」或是「調頻率」的方式進行談判，譬如：「真巧！我也是一個有原則的人，我的原則就是只和有原則的人打交道」，讓對方沒有藉口要你知難而退，這就等於爭取到跟對方保持繼續溝通的機會。

說話技巧
MEMO紙

巴菲特的致富絕招：找出問題背後的關鍵，才有可能打破既定的原則。

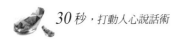

狀況四
遇到沒啥水準／知識水平較低的人怎麼說

保險業務員阿輝擁有一群死忠的勞工朋友客戶，讓不少後輩羨慕不已。

有一天，後輩阿良決定跟蹤阿輝，看看他到底用什麼技術把保單賣得那麼好；只見阿輝來到一間工廠，工廠裡有許多工人，汗流浹背、全身髒兮兮地正在搬運貨品，阿輝看到，毫不猶豫地把領帶一扯，西裝外套一脫，捲起袖子，跟著下去一起搬貨。

四十分鐘後，貨搬完了，阿輝就跟這群勞動朋友在一旁閒聊起來，就連工廠老闆後來也加入聊天行列，阿輝的保單就這樣順利簽成。

等到阿輝離開後，阿良悄悄趨前拉住其中一位工人，請教他：「你們跟阿輝很熟嗎？」工人回答：「沒有啊！今天第一次碰面。」

阿良更加疑惑地問：「為什麼第一次見面，你們就願意跟他買保單？」工人笑著說：「他不像一般西裝筆挺的業務員，反而像是我們的朋友，跟大家一起搬貨，還勸老闆少喝點酒，顧身體，哪有業務員敢這樣跟老闆說話咧！」

人都會對知音存有好印象，甚至產生心心相惜、相見恨晚的感覺，所以遇到任何人，想和他們做朋友或做生意，調頻率是第一件要素，其中包括和中下階層、藍領階級的客戶溝通、做生意，有必要如此。

例如你想跟搬貨工人介紹保險，卻打著領帶、一身西裝筆挺前去拜訪，對方只會覺得你擺明就是來賺他的錢，跟他們格格不入；所以如果跟對方見面的地點就在工廠，記得進工廠前，領帶先拿掉，西裝外套脫掉；若是恰好遇到對方全身汗淋淋的正在搬貨，可能的話，你最好二話不說地捲起衣袖，參與搬貨，不要讓人感覺你一副高高在上的模樣。

知識水平較低的老粗比較熱情，面對這樣的客戶，一定要跟對方博感情，和他們做朋友。「大哥，我可以把領帶拔掉嗎？好難受喔！其實我最喜歡穿短褲拜訪客戶，就怕客戶覺得我不專業！」要讓對方感覺你並不喜歡中上階層只重視外表，因為上班，被迫不得不穿西裝、打領帶，這種做法就是要讓對方感覺你和他們是同一國；這就像有些工人、老闆愛嚼檳榔，有的業務人員只要跟對方一起嚼檳榔，生意就可能談成了！

我們不吃檳榔，但自有一套說法：「對不起！公司明文規定不能吃檳榔；不過，老闆你加減也少吃點啦！你是公司重要人物，身體要緊，還是少量一點……我今天敢這樣講，是因為我把你當朋友，不是來做生意的……否則一般業務員來到這裡，一定都是客客氣氣，哪敢這樣說話啊！」

這種話，聽在知識水平較低的客戶耳裡反而受用，感受得到你和一般業務員不一樣。

說實話，每天遇到的人或業務量實在太多了，簡直是「供過於求」，想要讓客戶記住你，一定要留下與眾不同的印象，並讓對方覺得，你不只是來做生意，而是真心關心他，想和他做朋友，一句「要戒菸啦！這個家還要靠你呢！」或是「麥擱哺檳榔啦！開錢買癌症，按怎算嘛算袂和」都能贏得友誼，以最快速度跟他們打成一片。

這些知識水平較低的對象若是長輩，該怎麼跟他溝通？有時，透過電視、新聞來引導他們，譬如電視新聞播報吃到假藥傷害身體，你就可以趁機跟長輩說：「你看，電視新聞在報，那個老人因為吃到假藥而搞到洗腎，麥擱跟地下電台買藥了啦！」即使嘴硬不承認，他們還是會因為新聞而相信。

說話技巧
MEMO紙

巴菲特的致富絕招：無論和什麼樣階層的人打交道，第一步就是調頻率。

狀況五

遇到對方疑神疑鬼／歇斯底里的人怎麼說

「給我出去，我最討厭你們這些做直銷的人……」老賈一臉不悅地對著五分鐘前，親自到家中拜訪的業務人員阿元，歇斯底里的叫囂，只差沒進門拿掃帚出來趕人！

從事直銷業務快十年的阿元，直覺老賈應該有某種心理因素，才會對直銷人員那麼反感，於是念頭一轉，決定賴在門口不走。

阿元對老賈說：「大哥，不然我請教您幾件事就好，說完我就走人，好嗎？」老賈惡狠狠地瞪著阿德說：「好啊！你問啊！」

阿元鼓起勇氣，面對老賈問道：「大哥，你是不是之前曾經被直銷的人傷害過？或是你自己做過直銷，然後被他們騙過？我想了解一下，其實我們公司有嚴格規定，不得強迫對方接受他不想要的東西，但是可以嘗試了解為什麼對方那麼不願意接受；我今天不是要跟你做生意，只是想了解為什麼你會對直銷那麼反感。」

老賈怒氣沖沖地回答說：「你們這些直銷人員只會強迫人家買東西……」阿元一聽，果然是有原因，趕緊打蛇上棍問他：「你遇過強迫你買東西的業務員，是不是？」

阿元逐一抽絲剝繭套出老賈過往不愉快的經驗，明白老賈為什麼會對直銷人員表現出歇斯底里的模樣，決定慢慢來，先不談商品，直到老賈對直銷人員的人品與專業態度恢復信心後，再跟他討論。

後來，阿元每次拜訪老賈，只站在門外噓寒問暖，從不談生意，三個月後，老賈終於請阿元進屋聊天，不但成為忘年之交，老賈也成為阿元的忠實顧客。

無論是疑神疑鬼的人或是歇斯底里的人，都有一種共通點，就是脾氣古怪；更奇妙的是，他們多數人也有一個相同點，就是堅守自己的原則，這些原則往往跟他們過去的經驗有關，特別是一朝被蛇咬，十年怕草繩的不愉快經驗，像是老公外遇，家中出現無聲電話、聽到女人打電話來、陌生電話顯示等情況，老婆自然變得疑神疑鬼。

對症下藥，就必須耐著性子，找出原因並用具體行動，推翻對方疑神疑鬼的動機。

另一方面，容易疑神疑鬼的人，通常對自己沒有信心，有強迫症狀，像是有些人晚上睡覺時，會起床十幾次，再三檢查門窗有沒有鎖好、瓦斯有沒有關好，這些人心中的陰影可能來自於曾經遭過小偷或火災，針對這樣的人，不囉嗦，直接給對方看證據，解釋清楚，因為眼見為憑，對方才肯相信，才會安心。

說話技巧 MEMO紙

巴菲特的致富絕招：對症下藥，必須耐著性子找出原因，並用行動與證據推翻對方的疑神疑鬼。

狀況六

遇到討厭、白目的人／心儀的人怎麼說

●遇到討厭、白目的人怎麼說

小明是出了名不會講話的人，大家都不喜歡有小明在的場合。

有一天，阿姨生了一個可愛的小baby，小明很想去看baby，他對爸爸說：「再給我一次機會！這一次我真的不會亂講話！」

爸爸拗不過小明苦苦的哀求，終於答應帶他去看小baby，爸爸叮嚀他說：「再給你一次機會，如果這次又亂說話，這輩子我絕對不會帶你出門了！」小明立刻點頭示好。

隔天，小明和爸爸來到阿姨家，一看到baby，小明很想講：「怎麼長得像猴子一樣。」但腦筋一轉，想到如果講出來一定會被爸爸罵，所以忍住了；後來又仔細端詳了好一會兒，總覺得baby和姨丈長得不像，反而比較像隔壁家叔叔，他差點脫口問道：「baby真的是阿姨和姨丈生得嗎？」為防爸爸以後真的不帶他出門，他嚥下口水，忍住不問。

探視baby的兩個小時裡，小明真的有很多話想說，但全都忍住，不敢張口，心想：「這次我一定不能再出錯。」終於到了該回家的時刻，臨走前，大家都稱讚小明的表現，誇他變懂事又得體，小明卻說：「既然今天我的表現不錯，那可以在離開前說一句話嗎？」大家異口同聲回答：「好啊！好啊！你就說吧！」

小明緩緩說道：「今天我都沒有亂講話，如果以後這個小孩夭折死掉，不關我的事喔！」

白目的人或是讓人討厭的人，在現今社會中為數不少，這種人的共通點就是自以為幽默，只拿別人開刀，不開自己玩笑，要不然就是那壺不開提那壺，盡說些「我是為你好」的噁心話；建議你，一旦遇到這類型的人，記得多儲存一些幽默感來反擊或化解尷尬。

美國幽默大師馬克吐溫就是一位能以機智幽默反擊挑釁他的人，只不過他的幽默方式有時過於尖銳，運用不當時，易於引起紛爭。

遇到討厭或白目的人，除了用幽默方式應對外，最簡單的方式就是儘量避開。人的個性，三歲定終身，很難改掉；再來，就只能以對方的優點而論了，天生我材必有用，沒有哪個人是一無是處，儘量放大他的優點，少看他的缺點；如果真遇到這種人，又實在受不了他的作為，乾脆直接跟對方提出你不舒服的感覺：「你的說法，令我很尷尬，下回可不可以不要再這樣講了……」，請記得一定要在私下說，千萬不要在公開場合表明。

大多數白目的人，其無意、無心者居多；人與人相處，難免發生說者無心，聽者有意的事，所以「如何說」、「怎麼說」和「什麼時候說」就顯得格外重要，因此，為了避免自己也可能成為別人眼中，令人討厭的白目，就需要留意說話時，先經過大腦一下。

設若你知道朋友正在減肥，當她問你：「我最近有沒有比較瘦？」請記得這樣回答：「有耶！妳真的看起來比較瘦。」甚至還可以補句：「妳到底吃些什麼？要怎樣吃才會變瘦，可不可以教我？」千萬不要對她說：「沒有啊！妳看起來和之前一樣，還是很胖啊！」

此外，別人沒問話，你犯不著多事雞婆的回話。例如，有人臉上長痘痘，你還表示「關心」的問起對方：「你怎麼滿臉痘痘，有沒有去給醫師看？」再如，朋友發福，你卻對她說：「妳的臉怎麼腫起來，到底胖了幾公斤？」

即便你原本的用意只是關心對方的健康，未懷惡意，但聽在對方耳裡就不一樣了，為了避免成為使人討厭的白目，說話豈能不慎！

可以這樣說：「當你討厭別人時，說不定你也正被人討厭呢！」

有時，你是不是覺得身邊的人都很討厭？如果引發出這種念頭，你必須要思考兩件事：「為什麼你討厭那麼多人？為什麼會覺得有那麼多的人對不起你？」以及「當你討厭那麼多人的同時，會不會別人也一樣討厭你呢？」這是人與人相處中常見的盲點。

●遇到心儀的人怎麼說

設若遇到心儀的人該怎麼開口說話才好？告訴你，二話不說，借力使力不費力，派說客去才是「主流」。

最常見的情況是，A君喜歡B女，但要A君對B女說出「喜歡」，A君會感到不好意思，不如先派第三者去調查B女的嗜好、注意她的需求，甚至在她面前為A

君說些好話，加深印象，才能進可攻退可守。

這時請注意，對方的閨中密友在愛情競賽中扮演極重要的角色，一定要記得拉攏她們，藉她們的口幫忙取得關於B女的第一手資訊，包括嗜好、習慣等。興趣、嗜好是很重要的訊息，也是擄獲芳心的關鍵，因為彼此擁有共同的話題與興趣，才能投契，也才能有更進一步的互動關係。

當B女開始注意A君時，也是吸引力的開端，要讓B女感受到A君在乎她、重視她，這個階段一定要特別注意B女行動和外在的改變，是否頭髮剪短了、忽然改變形象換了一套新衣服、口紅或眼影顏色也改變了等，這些枝微末節的變化，對B女來說很重要；這時，A君就要多說些讚美她的話，讚美的話不嫌多，人人都愛聽。

尤其，善用公眾場合增加她對A君的注意，巧妙地讓對方知道A君對她有好感；譬如選班代時推薦她，「我推薦趙盈盈，因為她做事認真、有擔當，值得成為本班代表。」做這件事之前一定要先調查清楚她的意願，否則可能造成反效果。

最後建議，愛在心裡口難開不太好，愛要勇敢說出來，不要藏在心裡；如果不敢講出口、沒把握機會點，屆時所有的努力讓另一個人取代，一切就都枉然！

說話技巧 MEMO 紙

巴菲特的致富絕招：人是互相的。如果你發現自己討厭的人不多，相信你被別人討厭的機會也相對比較少；如果你討厭的人很多，可能你也是一個被很多人討厭的對象。

狀況七

使人和好／給人台階下的話怎麼說

●使人和好／讓人化敵為友的話怎麼說

阿中和小莉新婚不到一年的某天，為了一件小事，意見不和鬧著要離婚，阿中的老闆阿東，是他倆當初結婚時的主婚人，聽到這件事後，決定出面扮演和事佬。

阿東提問：「看你這麼生氣，到底發生什麼事，她怎麼了？」阿中劈頭就大吐苦水：「你都不知道她很過份吶！不能體諒我在外面工作有多辛苦，一天到晚只會嘮叨，要我多賺點錢……」

等到阿中宣洩完後，阿東說話了：「我問過小莉，她說也不想這樣，她很痛苦，尤其每次跟你吵架後，心裡都很後悔，老公已經對她很好了，為什麼還要惹他生氣……」

事實上，阿東根本沒找小莉談過，但他知道，這種善意的謊言能讓阿中的火氣減緩下來，也才能跟小莉坐下來一起溝通。

後來，阿東再去找小莉，才坐下來，他就對小莉說：「剛剛我去找過妳老公，厚～講到後來，眼睛都泛著淚光哪！他不斷自責那個爛脾氣怎麼都改不過來，妳已經那麼好了，又不亂花錢，買的東西都是家裡的必需品，為什麼他還這樣對妳……」

小莉聽後，原本想宣洩的怒氣頓時熄滅了！阿東看在眼裡，發現夫妻倆的態度都軟化了，於是，回到家後，打了通電話給他們說：「好了！好了！明天一起出來喝杯咖啡，沒事了啦！」

隔天，三人約在咖啡廳裡，阿東刻意讓阿中和小莉坐在一起，然後對他們說：「唉呀！夫妻明明就那麼相愛，幹嘛浪費生命吵架啊！」

阿中和小莉眼神互望，相視一笑，又合好如初了！

我和太太經常扮演和事佬的角色，祕訣就是各自攻破。

簡單來說，就是跟A說，B對你感到很歉疚或他其實很喜歡妳；到了B那邊，就跟他說，A很難過或是A其實很喜歡B，先讓雙方放下怒氣、產生好感，然後再讓雙方知道對方堅持的原因是什麼，最後再為彼此找台階下。

即使在調停的過程，需要說些善意的謊言也無妨，譬如A還沒說出懺悔的話，我們就先幫他向B說出來，甚至還會鼓勵對方適時說些善意的謊言，畢竟這是在幫助人而不是害人；或是，如果A明明做了些對B很好的事，卻沒說出來，我們就會幫他跟B說，這樣一定能讓雙方和好，化干戈為玉帛。

還有一招就是，讓雙方主動回想起對方的好。譬如在跟A聊天時，故意說些B曾經對A不錯的事情，「你失戀時，B陪你三天三夜都不睡覺，你到哪，他就陪到哪」；不然就是拿自己當作例子，「三年前，我也曾經因為一個小誤會和好友鬧翻，事過境遷，現在回頭想想，因為一件小事失去相交十年的好友，實在不值得……」

拿自己的例子做樣本，帶出對方未來可能同樣會面臨的情況，對方才可能冷靜下來思考，想想自己是不是別再那麼計較、那麼衝動。

●給人台階下的話怎麼說

娜美是心地善良又溫柔的妻子，阿龍則是才華洋溢，又很有義氣的丈夫，倆人堪稱天作之合，朋友相交滿天下。

年初時，娜美罹患癌症，阿龍既心疼妻子，自己也心力交瘁，只能將每日的生活感想抒發在臉書上與朋友分享，阿龍卻發現過去一些被他認為「好朋友」的朋友，不但沒在臉書上為他們夫妻倆加油打氣、雪中送炭，反而跟朋友討論些無聊的雜事，對他們夫妻倆的事不聞不問、漠不關心，這讓阿龍非常生氣，忍不住跟娜美抱怨：「我終於看清楚這些朋友的真面目！」

沒想到承受病魔折磨難過的娜美，將心比心地替這些朋友講話：「老公，說不定他們有屬於自己的困難，或許是不懂如何安慰別人，或者是剛好跟我們一樣苦不堪言、正巧遇到人生的困境……」阿龍聽了妻子寬容他人的話後，不禁握住娜美的手，為她感到不捨，她是如此體貼的為別人找台階下，這種包容心可也是一種美德呀！

「難怪她的人緣那麼好，她就像天使一般，讓人動心、動容，使人愈加懂得珍惜人與人之間的情感，以及更加尊重生命。願上蒼保佑天使。」阿龍心裡祈念著。

有一顆體貼別人的心，才能說出給人台階下的體面話。

這些貼心的人懂得將心比心地為他人著想，懂得人情世故，更能理直氣「和」的與人相處，對別人永遠比對自己寬容，所以將來別人也一定會給他台階下；相反的，如果為人處世凡事咄咄逼人，不給人台階下，將來別人也不會搬來樓梯，讓你順利走下台階。

除了具備為對方著想、不咄咄逼人的正確態度與觀念，怎麼幫人搬來台階也很重要，其中，轉移話題是一招很好用的方法（「化解尷尬的話怎麼說」章節），這就好比當對方處在進退兩難的困境時，你幫對方另闢一條新路，搬了一個新台階來，他就能依循這條新路，或是新台階安全順利的走下來。

說話技巧 MEMO紙

巴菲特的致富絕招：有時候，善意的謊言就像潤滑劑一樣，能消弭紛爭，撫平憤怒。

狀況八 化解尷尬的話怎麼說

美國前總統雷根正在演說時，夫人南西在眾目睽睽之下，不小心跌倒。

「總統夫人跌倒了！」低語討論聲此起彼落響起，場面頓時變得非常尷尬，雷根急中生智的說：「南西，我不是說過，當我說笑話沒有人笑的時候才可以用這招嗎？妳怎麼現在就用了？」

全場立即哄堂大笑，瞬間化解了南西的尷尬。

沒錯！化解尷尬最好的方式就是幽默以對；再不然，假裝沒聽到，也是一種最簡單的化解方式。

如果你想幫人化解尷尬，該怎麼做才對？轉移話題、移轉大家的注意力是個好方法。譬如，朋友當中有人頭髮越來越少，大家卻還在討論要不要染髮、今年梳什麼髮型最好看……等問題；或是朋友當中，白目的人老愛問及未婚的朋友：「你為什麼還不結婚？」

你想幫朋友化解尷尬，只需要加入新話題，尤其話題越南轅北轍越好，話鋒一轉，就能化解朋友的尷尬場景。

阿順曾因外遇而離婚，這是他存放在心裡的疙瘩，他不喜歡朋友提到這件事。不料，有一年聖誕節，阿順到好友阿康家過節，阿康家聚集了很多朋友，有些人連阿順也不認識，不巧當天電視正播放一齣丈夫外遇，妻子受盡委屈的戲，看的人無不破口大罵劇中的丈夫，阿順聽在心裡格外刺耳，頓時坐立難安起來，阿康看在眼裡，為了化解阿順的尷尬，突然提出一個風馬牛不相及的問題：「二〇一二年快到了，對於總統候選人，你們心裡決定好要投票給哪一位了嗎？」

這個敏感的話題果真引起大家熱烈的回應，後來連電視也關掉，大家七嘴八舌地討論起來，阿康與阿順彼此相視一笑，紛紛加入總統選戰話題。

另一種尷尬是當事人在不知情的情況下發生，譬如，家人瞞著病患的病情，患者在不知情的狀況下，詢問自己的病情如何？

或者，大家都知道某個女生的老公外遇，就只她一人完全被蒙在鼓裡，當她問你，為什麼她老公最近那麼忙，你該怎麼辦？如果你知而不答，請記得以鎮定且正面的態度來應對這個問題，才不會引起對方懷疑，最後，再想辦法轉移話題。

阿康有天去醫院探病，住院朋友的鄰床住著一位老婆婆，老婆婆的先生在一旁照顧她，當阿康跟這對老夫妻聊起病情時，她說：「阮嘛唔哉影（我也不知道）第幾期了，但是骨頭嘛有啊！」

這時，阿康瞥見老爺爺的尷尬表情，心裡立即明白過來，老爺爺其實清楚老婆婆的病情不樂觀，但他卻不想讓她知道。

細心的阿康立即話鋒一轉：「第幾期不重要，最重要的是人要快樂，嘛有人發現時很嚴重，最後卻好起來……」然後再和老婆婆聊到她的孫子，老婆婆很開心地談到孫子的趣事，老爺爺頓時放心下來。

說話技巧
MEMO紙

巴菲特的致富絕招：當自己遇到尷尬時，幽默是最佳的方式；當別人遇到尷尬時，轉移話題是幫他的最好方式。

狀況九 讓人相信你／願意幫你的話怎麼說

●讓人相信你的話怎麼說

阿翔是個成功的房屋仲介，他常提攜後輩，為自己累積好業績，就能為自己帶來好成績。

他為什麼要這麼說？他是如何做到的？

原來阿翔每回拜訪新客戶，當對方質疑他是否真能幫他們找到好房子或賣到好價格時，他都會拿出自己歷年來的得獎記錄：「我是上個月銷售排行榜第一名、去年銷售三冠王……」

當客戶看到他輝煌的成績單，再加阿翔肯定明確的自信態度與堅決語氣，大都相信他的能力與服務。

想要讓人相信，除了說話內容的真實性，臉部表情也很重要，尤其彼此對看的視線是確認的關鍵，如果不敢正眼看對方，對方會認為你心虛，所以一定要學習敢於正視對方，再搭配肯定的手勢和語氣，說出來的話才具有說服力。

為了加強說服力，還可以直接請對方看數據、證據，這種方式最常用在銷售技巧上。透過廣告詞「現在已經有十萬人在使用了！」或是利用電視收視率、網路點閱率的數字，再藉由被認可的第三公正機關的認證，獲得消費者的信任，譬如肉品的CAS認證、公司的ISO9002認證等。

或者，搭配「光環效應」，像是知名導演吳念真也是這款冷氣機的使用者、知名主持人張小燕也愛用這家製作的手工肥皂、瑪麗蓮夢露獨愛這款香水……等，都能加強對方的信心指數。

萬一之前有過不良記錄的業務員，想要再次博取他人信任，就必須先做給人家看，這時「做」比「說」來得有效。你可以跟對方說：「這一次你先讓我處理，等到你滿意了，再決定要不要信任我……」這是你在為自己爭取「信用籌碼」。

切記，這個籌碼是先「借貸」來的，不是屬於你的，如果再次搞砸，就是宣告「信用破產」。

●讓人願意幫你的話怎麼說

需要別人幫助，最簡單的方式就是讓人喜歡你，再來就得捫心自問，平時幫助過別人嗎？

人脈存摺很重要，平時就要養成「存」的習慣，才是使人願意幫你的最高境界；如果平時有人找你幫忙，都被你拒絕，相對的，當你遇到困難需要別人幫忙時，你倒說說，別人家又該如何幫你呢？換言之，要人幫你，可以婉轉的把過去幫助對方的事講述出來，或許能得一線生機。

萬一你不曾幫過別人，現在反倒急需別人伸出援手，該怎麼開口呢？首要先自省，然後告訴對方以後會怎麼做，最後請求對方再給一次機會，全力幫忙：「我錯了！以前是我不夠成熟，自以為這一生絕對不會遇到困難、根本不需要別人幫助，從今爾後，我會洗心革面，好好學習幫助別人，所以請你務必幫忙。」

另一方面，在請求別人協助時，記得姿態要放低、放軟，不要擺出一副強人、嘴硬的態度，沒有人願意幫助一個高高在上的請求者。

此外，姿態放軟、放低的方式也適用於殺價：「頭家，我已經兩個月沒上班了，能不能算便宜一點！」、「老闆，我上有高堂，下有妻小，每個月的開銷很大，打個折吧！」

最後提醒大家，求助別人幫忙，也是最能檢視你做人成不成功的關鍵。設若你還未及開口，人家就搶著過來主動幫你，表示你做人成功；相反的，到處求人幫忙，卻沒人願意理你，就應該檢討自己為什麼做人那麼失敗了！

說話技巧 MEMO紙

巴菲特的致富絕招：有句玩笑話「第一次上當是不知，第二次上當是無知，第三次還上當就是白痴」；切記，沒有人能忍受被一而再再而三的欺騙。

狀況十

快樂得意時怎麼說

阿倫進公司兩年，就被拔擢成為主任，令他開心不已，不僅在公司大肆慶祝，更向同事大放厥詞表示：「明年我一定會再晉升到課長，因為老闆的眼睛是雪亮的……」

這些話聽在同事耳裡，咸感不舒服，覺得這個人太驕傲，因此不以真心祝賀，反而等著看他的笑話；尤其是在公司待了五年，跟阿倫同一部門的阿榮，心頭更不是滋味，為此，阿榮更加積極努力工作，並在暗中注意阿倫的工作態度，試圖掌握他的把柄。

一年後某天，阿倫不慎把一件大案子搞砸了，上級十分生氣，為了公平處分，上級特意向阿倫同部門的同事，詢問有關他的工作狀況。

當然，阿倫的同事沒一個願意幫他說好話，對阿榮來說，這是一個千載難逢的機會，他把一年來蒐集到關於阿倫的負面資料，一五一十、鉅細靡遺地報告給上級知道，上級對阿倫感到失望，從此打入冷宮，同年，阿榮被拔擢到主任的位置。

常言道，得意不要忘形，不要得了便宜又賣乖。

這些話很有道理，一般人在快樂、得意時，會希望和大家一起分享喜悅，這時反而要特別謹言慎行，為什麼？因為在不知不覺中，可能早已把自己的快樂建築在別人的痛苦上；最常見到的情況是在考試放榜時刻，當你正興高采烈歡呼：「我考上了！我就知道一定會考上！」

這時，站在你旁邊的可能是個重考生，或是落第生，你是否有顧及到他落寞與難過的心情？

快樂的話該怎麼說？

先看看你所處的場合，再看看你身邊的人是否能跟你一起同樣開心、快樂？如果你身邊的人正處失意情緒，那麼你歡樂與高興時說的話，在對方看來、聽來，都會是刺眼、刺耳的景象；別忘了，任何考試、比賽、選舉，最後都會呈現幾家歡樂幾家愁的局面，不論成功與否，最安全的快樂說話方式就是「謙虛的說」，如同成熟的稻穗往下垂，越成功的人越要懂得謙虛，才不致傷及他人，或讓自己惹禍上身。

有一句台語俗諺：「贏賭，麥擱贏話。」翻成白話是，贏了這盤賭局的人，就不要再多誇「自己手氣好到擋不住」，或者「贏這點小錢不算什麼」等炫耀自己的話，這會讓其他輸家氣到牙癢癢的，真想摑他一個大巴掌。

有些人不只炫耀，還喜歡挖苦人，譬如連贏了好幾盤賭局，就挖苦別人：「你到底會不會玩啊？手氣這麼背！」

這樣的說法，會讓輸家從鬱悶轉成生氣，最後的下場可能就是翻桌，甚至打架。

再者，快樂得意時，最好把榮耀歸功於屬下或身旁的人。這種感恩的場面最常出現在頒獎典禮上：「謝謝評審委員的厚愛、謝謝導演、謝謝家人對我的支持，沒有你們，就沒有今天的我……」如果換一種口氣說：「這個獎項是我應得的，我早就知道我演得最好……」

此話一說，必定氣死所有人，也會讓人感到你是一個不會表達快樂時該如何說話的人！

說話技巧
MEMO紙

巴菲特的致富絕招：快樂的時候就是你最容易得罪人的時候，往往一不小心，就為你埋下不知那一天會引爆的炸彈，讓你樂極生悲。

| 關係篇 |

30 秒，打動人心的四大說話法則

第一種關係法則

親子關係篇

有一天，老余下班回來，女兒小文興沖沖地過跑去跟他說：「明天是我生日，您要幫我慶祝，還要送禮物給我喔！」

老余笑著說：「可是妳最近表現得不怎麼樣！我為什麼一定要送妳禮物呢？」

小文依偎過來撒嬌：「做爸爸的本來就該給女兒生日禮物……」

老余摟著小文，依然「不認輸」地回答：「爸爸小時候過生日，爺爺和奶奶也沒送生日禮物給爸爸，我現在卻要幫妳過生日，還要送禮物給妳，為什麼呢？」

小文一派正經地回答：「過去是過去，現在是現在呀！」

父母跟小孩之間產生代溝，最常見的樣板就是父母習慣拿舊世代的標準來要求現在的小孩。時日不同，過去沒有電視，現在連手機都能看電視了；過去沒有電腦，現在連電腦都可以「視訊」面對面通話。

過去已然過去，出生為新世代的小孩，自然無法認同父母要求他們比照過去生活的樣式，依樣畫葫蘆的過日子。生活環境不同、社會倫理的形態改變，兩代之間的生命態度和價值觀，相繼產生不同差異的隔閡。

如此一說，現在的父母該如何跟小孩說話，世代鴻溝才不致過大、過遠？

●如何讓孩子愛您又敬您

首先，父母必須跟得上時代，別老是用八百年前的生活規範，或用孔孟大道理跟孩子說話，新世代的小孩聽得進幾句？

由是，當孩子坐在電視機前觀賞「犀利人妻」，時間允許的情況下，父母盡可能加入觀賞行列，從而了解「小三」是誰？「我再也回不去了」這句台詞表示什麼？因為加入，導引父母與小孩之間的談話產生共鳴，也有了共同話題。

老余最小的兒子小堯，就讀國小一年級。

有一回老余問他：「你以後長大要不要當有錢人？」小堯毫不考慮的回答：

「不要！我不要當蟹老闆。」丈二金剛摸不著頭腦的老余當場愣在那裡，完全不知道小堯說些什麼，於是問小堯：「要不要當有錢人……跟蟹老闆有什麼關係？」小堯說：「因為蟹老闆是有錢人，所以大家都討厭他！」

蟹老闆是誰？原來小堯說的這個人物是「海綿寶寶」卡通影片裡的老闆，老余不懂蟹老闆是什麼，當場和小堯雞同鴨講，產生代溝。

父母陪孩子一起看電視有很多好處，其中包括藉此機會了解小孩的想法，有時還可趁機教育一番。

有一回，路過一間家電行的店面，櫥窗裡的電視牆正播放八點檔連續劇，有對母子就站在電視牆前面專注觀賞，正巧劇情播出孩子出手毆打父親的畫面。

這時，母親趁機問她的孩子：「你覺得這樣做對嗎？可以這樣打人嗎？」孩子搖頭回答：「不行，這樣是不對的。」

很欽佩這位母親的睿智，教育孩子隨時隨地都是絕佳時機，竟然可以信手拈來。

此外，電視新聞也是絕佳的教育題材，當父母陪同孩子一起看新聞時，不妨藉由社會新聞事件提醒或規勸孩子的行為表現。譬如，家中恰好有年幼好動的孩子時，當電視新聞播出小孩子在馬路上亂跑亂竄，結果被巷子口衝出來的機車撞傷，或是在家跳彈簧床，居然從窗戶掉出去而受傷等事件，趁機教育。

一般來說，現代小孩不喜歡父母用訓誡的方式教育他們，所以透過新聞事件「順便」提醒小孩生活規矩與行為態度，反而比較具有說服力，尤其，當事件牽涉到孩子的朋友時，說話更要格外謹慎小心；因為小孩不喜歡父母當面批評他們的朋友，特別是父母在不完全瞭解的狀態下，直接批判他們的朋友，孩子一定聽不下去。

老余參加女兒小文的學校舉辦的班級跑步比賽，由於代表班上參加比賽的同學中，有一位明顯跑得比較慢，老余擔心女兒的班級落在別班後面，緊張之餘脫口說出：「妳的朋友怎麼跑那麼慢，她在做什麼？」

結果小文當場生氣了，她說：「那你跑啊！看你能跑多快……」

這時候，老余才驚覺自己說錯話，因為他罵到女兒的朋友，惹她生氣了！

父母說錯話時，該怎麼辦？

不妨暫時拋開父母「尊貴」的身分，換個角度想，孩子做錯事、說錯話時會被要求說對不起，父母說錯話時一樣需要跟孩子道歉；說「對不起」死不了，顏面更不會就此無光，何來顧忌之有？如果只顧及掛不住面子，寧願選擇和孩子僵在那裡，彼此都會覺得委屈，何苦來哉？

設若父母實在無法將抱歉二字說出口，該怎麼辦？

父母二人，一人扮白臉，一人扮黑臉，互唱雙簧，從談話中把歉意傳達出去，讓小孩清楚感受到父母親的誠意，讓事情快速處理掉。

有一天，年幼的小堯做錯事被爸爸責罵一頓，他傷心難過地跑回房間，倒在床上邊哭邊喊：「我不要爸爸！我不要爸爸了！」

媽媽走進兒子的房間安撫他：「爸爸是因為愛你才會兇你，你不要跟他生氣嘛！如果媽媽這樣生你的氣，會不會很難過呢？爸爸不是故意生氣，就像有時候你也會說一些讓爸媽傷心難過的話，但是我和爸爸都原諒你，所以現在你也要原諒爸爸，好不好？」

這時，爸爸進到房裡抱弟弟小堯，在扮白臉的媽媽牽線下，小堯又跟爸爸合好如初了。

除了安撫，處罰孩子要把原因或理由說清楚，以免孩子之間養成互相推諉的習慣。

老余家有三個子女，當爸爸請老大幫他做什麼事，老大就推給老二做，老二又推給老么做，老么回頭埋怨老二：「為什麼你都這樣叫我做事？」老二則回答老么：「因為老大都是這樣對我，所以我也是這樣對你啊！」

這個例子告訴我們，在要求孩子做任何事情之前，應該要先跟他們說清楚，包括處罰他們的理由；父母如果不說明原因，孩子可能回嘴反抗，甚至認為，「我不服氣，只因為您是我的爸媽，我不可能打你嘛！那就打弟妹出氣……」結果變成惡性循環。

一旦真的要處罰孩子，父母一定要「說到做到」，就連處罰的期限也必須明確，例如，罰站一個小時，或是這個星期不給零用錢；千萬不要講「永遠」，否則孩子會把你對他的「處罰」當成「玩耍」看待。

有些父母教訓孩子時，會說：「如果沒在十點前睡覺，你永遠都不要再去麥當勞了！」或是「你再哭，警察就來抓你喔！」結果，孩子未準時十點上床睡覺，父母也沒處罰，隔天還是照樣帶孩子去麥當勞；甚至孩子哭鬧不停，你也沒叫警察來、也沒把他從樓上丟到樓下去。

所以當父母者，千萬別隨意說些不可能實現的事，現代小孩超級聰明，大人說的「恐嚇」話，他們沒在怕的。

除了不要胡亂說些無法兌現的話之外，還有一句：「我再也不要看到你了！」或是「如果怎樣怎樣，你就不要回來了！」這些氣話不但無法兌現，甚而具有強大殺傷力，對建立親子關係絕對有負面影響。

還有，千萬不要拿自己的小孩相互比較，例如：「姊姊的段考成績可以拿到全班第一，為什麼你不行？」不要說孩子不喜歡聽到這種話，就算大人也不會喜歡聽到這種謬誤又刺耳的「比較教育」的話，建議父母要多使用鼓勵性的語言教育小孩。

●孩子要怎麼說，才能跟父母拿到想要的禮物呢？

小美想加入學校田徑隊，卻擔心父母反對，所以瞞著他們偷偷參加選拔。當小美順利考進田徑隊後，她決定針對父母擔心的問題，提出條件交換。她跟父母說：「爸媽，如果考試成績我能維持在十名以內，您們就讓我參加田徑隊，好不好？」

小美知道，父母擔心她參加田徑隊會影響功課，但如果她的成績能維持在十名內，就表示她不受田徑訓練影響，父母絕對沒有反對的理由。

由於小美掌握到父母會不會擔憂的關鍵，所以特別在課業上加倍努力，結果她真的做到了，父母自然點頭答應她的要求。

現代孩子大都聰明機伶，更懂得察言觀色，當他們想跟父母開口要求東西時，表現異於平常；譬如，他們會利用考試一百分，趁機向父母提出要求，通常這樣的要求方式成功率很高，對於大多數的父母來說，只要孩子不是用吵、用鬧的方式要求東西，他們都會盡可能給予，除非孩子是用「威脅」的方式。

沒有人喜歡被威脅、被逼迫允諾某些事情，所以當孩子有求於父母時，一定要投其所好，先看看手上有沒有好的籌碼對父母提出要求。

至於什麼是孩子的籌碼？像考試成績好、表現好、才藝學得好……等；如果連這些基本條件都辦不到，只好從品性著手了。

小光才國小一年級，就懂得如何向父母爭取他想要的禮物。

前一陣子他看上一只卡通手錶，就對爸爸說：「如果這次運動會我跑前三名，可以要一只手錶嗎？」聰明的爸爸了解兒子的能力，所以沒有馬上答應兒子的要求，隨口回答：「如果跑到第一名才有手錶可以拿；如果是二、三名，大概就只能帶你去動物園玩而已，不過，爸爸相信你一定辦得到。」

小光為了能拿到他夢寐中的手錶禮物，積極努力鍛練體力，運動會時，果然拿到第一名，順利取得他日夜想望的卡通手錶了！

●父母老邁了！你要怎麼和他們溝通？

爸爸年紀大了，孝順的阿昌想買些營養品孝敬他，可是爸爸認為浪費錢，堅持不肯吃，讓阿昌傷腦筋。有一天他想到了一個好辦法。

某天下午他跟爸爸聊天時，突然嘆了一口氣，爸爸開口：「怎麼了？」阿昌說：「爸爸，人可不可以說謊？」

爸爸想都不想的回答：「當然不能！」聽到爸爸的回答後，阿昌一臉委屈地說：「可是您害我說謊。」

爸爸疑惑問道：「我什麼時候害你說謊？」

阿昌堅決地說：「有，因為我買保健食品給您，您都不吃，朋友都說我不孝順，所以父母才不肯吃，事實呢？我買了，您卻不吃，那您不是在逼我說謊嗎？」

爸爸看著他無言以對，後來才點頭說了聲：「我哉啦！」

孩子長大後，父母就老了、病了，又不想去看醫生，買了健康食品，父母卻說不要浪費錢。很多老人家不喜歡吃保健食品，或是去醫院看醫生的原因，一方面是嫌麻煩，另方面是捨不得孩子花錢；所以為人子女者通常會跟父母說，現在吃健康食品只花一兩千元，如果您不吃，將來花的錢更多，不是叫我們做孩子的更擔心嗎？

問題是，阿昌的父親後來到底有沒有開始吃兒子購買的保健食品？

有，只是時常賴皮的跟阿昌說：「那麼多罐，太麻煩了，我吃一罐就行了。」阿昌堅決表示：「不行，您不能眼睛不舒服，吃牙齒痛的藥；關節痛了，卻去整型外科整臉啊！結果沒有用，為了不讓小孩操心，您還是兩罐保健食品都按時服用喔！」

另外，還有幾項小技巧可以讓您順利的孝敬父母，又不會帶給他們心理負擔。譬如：買東西孝敬父母，盡可能說那是別人送的；如果已經決定要買東西給父母，就不要再問他們的意見，直接買下送過去就行，一旦詢問，答案一定都會是「不要啦！浪費錢。」

當父母問你花了多少錢？就說摸彩摸到的、買車子送電磁爐、朋友來看我時送的……等，不然就說是便宜買到的。

說話技巧 MEMO紙

搜尋親子關係的關鍵字：成功的父母與孩子相處時，不會倚老賣老。

第二種關係法則

夫妻關係篇

美國前總統柯林頓有一天驅車載夫人希拉蕊外出旅遊，到了某加油站時，柯林頓突然發現加油站的一位員工，是當年追過希拉蕊的男生，後來希拉蕊選擇嫁給柯林頓。

這時，柯林頓有感而發地跟希拉蕊說：「還好妳當年選擇我，不然現在的妳就是加油站員工的老婆，而不是美國總統夫人。」

希拉蕊不是省油的燈，立即不甘示弱地回答：「親愛的，你錯了！如果當年我選擇他，美國總統可能就是他了，而你將會是那個加油站的員工。」

夫妻之間的相處就是如此。當你站在對方的角度看同一件事情時，會有完全不一樣的感受，所以夫妻之間應該要學習相互體諒，要經常站在對方的立場著想，就能長保夫妻間良好的互動關係。

有一則實驗說，女人一天要講五千句話，男人則是三千句話；男人在外面工作已經講了兩千五百句，而女人在外頭工作卻只講了五百句，這下子問題來了，回到家後，女人還有四千五百句的話要跟老公說，但老公只剩五百句的話可以說了！

這則看似簡單的實驗卻直接說明了，現代夫妻為什麼會常因「口角」而出問題。

●親愛的老公，你到底在想什麼？

為什麼先生不喜歡聽太太發牢騷呢？

曾有資料顯示，原因有二：第一，先生上班緊繃了一整天，回到可以放鬆的家，自然不想再聽到讓他傷神或是嘮叨的話；第二，太太講話的內容不新鮮，沒趣味！男人喜歡新鮮話題，這就是為什麼男人愛看新聞台，但女人喜歡看戲劇台的原因。

換句話說，要讓先生喜歡聽太太說話，有幾個可以依循的法則：

首先，太太跟先生講話時一定要溫柔，撒嬌是女人的天性，為何不好好利用天生的優勢呢？其次，如果有話跟先生聊，最好投其所好，例如先生是政治狂，此時不妨丟一個他感到興趣的話題：「老公，總統大選你覺得誰比較有勝算？」只要讓他聊得開心，再順口提到妳想跟先生說的事，這時的他不但聽得進去，甚至還會照單全收。

再來，男人愛面子，女人就要學會灌迷湯：「老公，我覺得電視上的名嘴都比不上你耶！你怎麼懂這些呢？你好厲害喲！」話匣子打開，先生又被妳灌迷湯，這時順口跟他提：「你覺得孩子要唸什麼學校比較好？」他就聽得進去了！

最後，記得男人的個性比較急，不要一直跟他講重複的事，又要他立即回應，這樣反而容易讓他心煩，而妳心中的火氣指數也會跟著急遽升高，最後搞得彼此不開心，事實上引爆點只是一件小事，但累積久了，將對婚姻產生莫大的傷害。

●親愛的老婆，妳到底在想什麼？

大部分女人都屬於聽覺型，男人則是視覺型，先生即使不會對太太講甜言蜜語，但一定要注意她的細小變化，譬如太太今天燙頭髮，在你面前已經晃了好一陣，你卻白目沒注意看，惹她不愉快。

夫妻之間需要彼此關心，當太太詢問先生：「你覺得我留長髮，還是短髮好看？」記得擇一答案回答，當太太的最不希望丈夫敷衍她的問題，尤其不喜歡聽到「都可以」三個字。

如果你實在想不出哪一種比較好，最好的回應方式：「老婆，不管穿什麼款式妳都是最漂亮的！要不是錢不夠，這兩件都應該買下來才對。」

阿峰看到太太阿水換了新髮型，本想裝作沒看到，不巧阿水興致勃勃地拉著阿峰追問：「老公，你會不會覺得我今天剪了短髮很醜？」

阿峰手一攤，老實回答：「老婆，其實不會，因為妳的醜和頭髮沒關係！」

太太喜歡被老公注意到，只要老公能停下不斷工作的奔波腳步，專心聽她說幾句話，她們就會開心得不得了，甚至願意為老公做牛做馬。

有一天，阿峰突然對老婆說：「我終於突破自己的極限了。」

阿水丈二金剛摸不著頭腦地問：「什麼極限？」阿峰說：「我一直以為我很愛妳，結果卻發現……我竟然突破那個極限，因為我發現我現在更愛妳了！」

阿水推打老公，邊笑著說：「你發神經喔！」此時的阿水，心頭小鹿撞個不停，笑到合不攏嘴！

女人真的很好騙，只要先生講句好聽的話，瞬間心花怒放，快樂無比，譬如，太太本來要發脾氣了，先生一看苗頭不對，馬上講一些聽起來噁心的話，「老婆好辛苦喔！全世界的女人都比不上妳」、「老婆今天看起來真的漂亮」等，太太的脾氣再也發作不出來了，即使那是先生講了一〇一遍的甜言蜜語，她還是愛聽。

阿峰喜歡打籃球，每次都打到天黑，經常超過他原本跟太太約定的時間才回到家，聰明的他總會在回家途中，記得買一杯西瓜汁。一進家門，阿峰就以堆滿內疚的笑臉對太太說：「老婆最喜歡喝西瓜汁，我特地為妳買回來了！」然後，再跟太太阿水解釋為什麼晚回家的理由，這樣一來，通常能讓原本已經氣到火冒三丈的太太，頓時消氣。

太太生氣是因為先生沒遵守約定，或是擔心先生晚回家的安危，因此，只要先生說明解釋清楚為什麼晚回家的理由，像是「朋友今天跟他談事，所以回來晚了！」或是「打球打得太盡興，忘記時間……」等，太太自然就不氣了！如果這時候，先生又能預先準備小禮物，更具加分效益。

相反的，先生晚回家，當太太質問時，先生擺出一張臭臉回應：「那又怎樣，我就是超過時間回家啊！反正妳在家又沒事，看電視而已啊！」太太自然更生氣，當雙方脾氣都槓上來，就變得不好收拾，夫妻吵架便無所遁形的引爆起來。

●夫妻之間，誰要先低頭道歉？

阿峰下班回到家，沒發現地板上有一灘水，不小心咕溜滑倒了，他站起身來埋怨道：「為什麼這裡有一灘水？為什麼不拖乾淨？」

阿水聽到老公在客廳生氣，趕忙走出來，看了先生一眼說：「大人大種（台語），地上有一灘水，自己沒看到，還敢兇我；我一下班就去超市買菜，回到家為了接電話，先把菜放在旁邊，瓜菜肉魚當然會有一些湯湯水水滲出來，我趕緊拿進廚房，看到天空快要下雨了，又跑到陽台收衣服，一直忙到現在，而你呢？什麼事都沒做，一進就只曉得罵人，你還會做什麼？」

阿峰聽完一連串「疲勞轟炸」，愈加不舒服的回嘴：「咦！現在是老公跌倒了，妳還潑婦罵街似的唸個沒停，現在是怎樣啊？上班了不起嗎？」

根據以上的對話內容，夫妻倆會吵起來是必然，絕不是偶然；現在換一個角度，重新敘說這段經歷：

阿峰下班回到家，沒發現地上有一灘水，就咕溜地滑倒了，他站起身來埋怨道：「為什麼這裡有一灘水？為什麼不拖乾淨？」

阿水聽到老公在客廳生氣，趕忙跑出來說：「不好意思！剛才一陣手忙腳亂，忘記把水擦掉，你有沒有怎樣？有沒有受傷？都是我的錯……」

阿峰聽到太太阿水溫柔的關懷，拍了拍屁股站起來說：「唉呀！我都那麼大了，還會踩到水滑倒，真丟臉，沒事！沒事！妳辛苦了！一下班，就趕回來做菜，忙東忙西的，我應該幫忙才對……」

夫妻爭吵，做先生的最好先低頭道歉，當一方已經道歉，另一方就不要再落井下石，應該立刻給對方台階下，這種處理方式，一定能讓當下可能一觸即發的火爆情勢熄火；相反的，當一方已經道歉了，另一方仍繼續數落對方，甚至還理所當然地補上一句：「本來就是這樣！」

如此一來，道歉的人必定不想再多說些什麼了！「我都已經拉下臉來道歉了！你還要怎樣？」不愉快的情緒立刻湧上來。

最後切記，夫妻之間千萬不要沒事經常來場冷戰，這會讓原本的小問題變成家庭事件。當然，最好夫妻之間有共同值得信賴的朋友或長輩做橋樑，協助溝通管道，製造和解的機會。

說話技巧 MEMO紙

搜尋夫妻關係的關鍵字：夫妻之間要有「愛的真諦」，如果真能做到這樣，世界上的每一對夫妻都能白頭偕老。

第三種關係法則

上下關係篇

●如何成為萬人迷的老師

每年夏令營，報名參加的學員，必然有一群特別吵鬧的學生，輔導員用罵的、體能訓練、罰站等方式都毫無效用，令夏令營的老師們十分頭痛；這一梯的新老師阿俊自告奮勇說：「沒問題，我有辦法！」

阿俊一走進營本部，就告訴輔導員說：「把那幾個特別吵鬧的學員集合起來，我們來進行一次魔鬼特訓。」

阿俊老師踏進特訓班時，表情非常嚴肅，他說：「把門關起來，A同學幫我看守外面有沒有人在偷看。」

這群吵鬧的學生按照阿俊老師的指示進行各項特訓，他們想看老師的葫蘆裡到底賣什麼藥；就在A同學回報：「沒有其他可疑的人在外頭！」阿俊的表情突然變了，輕聲對著大家說：「可以坐下來聽課，沒有關係！現在我教給你們的東西，只要有聽進去就好了！至於用什麼姿勢聽不重要，躺下來聽也可以！不過，等一下如果有人敲門進來，你們一定要裝成正在伏地挺身或是做運動，像是我在處罰你們喔！」

這群調皮搗蛋的學生一聽，各個面面相覷，簡直不敢相信，但心情感覺超爽，心想：「不但沒有被處罰，還獲得特殊對待，老師甚至認為我們是聰明的小孩……」

短短數分鐘，阿俊老師已經完全收服他們的心。

不要以為身居老師的地位就象徵懂很多，反而不把學生當人看待。

有些學校老師習慣高高在上，認為老師位階高，學生就得聽話，無論老師說什麼？教什麼？只要求學生照單全收即可；這招在早年或許還行得通，但現代學子精靈又聰穎，老師對待學生要像朋友一樣，上課講話被要求必須幽默且風趣。

同樣教學生，為什麼補習班的老師比較受到學生歡迎？可以確定的是他們把上課當表演，要幽默、風趣，還要會講笑話，這些老師不只講授書本上的學問，還會舉生活上的例子，將課本枯燥乏味的內容，生動有趣地應用在課堂，這種生動的教學方式，深受學生接受與歡迎。

國中生是最讓老師頭痛的年紀，學生一個比一個還要叛逆，對老師說的話不理睬、不屑聽，這種現象在某校就顯得不稀奇。

三年甲班的阿金老師便是其中佼佼者，他教課很神奇，每回都能把班上的學生「收拾」得乾淨俐落，讓其他老師羨慕不已。

有一回，乙班的劉老師偷偷躲在門外，偷聽阿金老師如何做到讓學生聽話；劉老師聽到阿金老師正在向學生分享自己年輕時，因為叛逆而做錯事的故事。

故事講完後，劉老師悄悄探頭看著台下的學生，發現有人拭淚、有人低頭不語，但能確定的是，這些學生把阿金老師的故事全聽進去了！

的確，比起老師跟學生叨叨訓誡：學生一定要聽老師的話，老師都是為你們好……等老掉牙的陳腔濫調，不如像阿金老師一樣，放下身段，拉近與學生的距離，讓學生發現，「喔！原來老師也曾經這樣想、這樣做過，他是真的了解我們的想法」，學生才能聽得進去老師的勸勉。

想要在學生之間吃得開，成為受歡迎的老師，行事作為與「父母對小孩」章節中的做法有異曲同工之妙。首先，一定要先懂得學生在想什麼、喜歡什麼，他們的偶像，老師也能跟著朗朗上口；再者，不要任意批評他的偶像。一旦你批評到他的偶像，即使課講的再好，他們也聽不下去；最好的方式是：寧願不要舉藝人當作負面案例。

阿俊老師是全校公認的萬人迷老師，他的魅力並非來自長相，而是無論他走到哪，都能和學生打成一片。

宅男老師阿呆非常羨慕阿俊老師在學生之間吃得開。

有一天，阿呆老師看到阿俊老師正在走廊跟一位學生甲聊天，小心翼翼趨近前，想要聽聽阿俊老師到底跟學生聊些什麼？

學生甲問阿俊老師：「老師，科比布萊恩很厲害嗎？」阿俊老師毫不猶豫就回答他：「喔！科比布萊恩（Kobe Bryant）還不錯！不過，在老師那一個年代，我最喜歡的是麥可喬登（Mike Jordan），但我現在最喜歡櫻木花道，因為他什麼都不怕……」

當阿俊老師流暢地講出這些話時，阿呆老師竟被這些人名搞得七葷八素，只見學生對阿俊老師投射出崇拜欣賞的眼光；阿呆這才發現，阿俊老師的魅力在於他的興趣廣泛，甚至已經到達學生成為阿俊老師的粉絲的地步，這項優勢是他永遠做不到的。

商業周刊曾在一篇相關文章中提到：第一關，先讓對方成為你的朋友，因為你想要讓別人認同你，就要先變成他的朋友，他才會認同你；不過最高境界卻是讓對方變成你的粉絲，他就會對你佩服得五體投地。

阿俊老師做到了，他不僅跟學生看同樣的卡通影片、知道學生喜愛的偶像，還能提出他個人的觀察與見解，使學生崇拜；學生把老師當朋友是第一關，等到老師成為學生心目中的偶像時，你講什麼他們全都聽，魅力於焉產生。

最後，老師應該學會講冷笑話，即使只是短短的一句：「綠豆從樓上掉下來會變紅豆……」在適當的時機說出來，就能達到好的效果；尤其剛開始和學生相處時，講冷笑話，或是變魔術都很不錯，它們都能適時的幫你破冰，拉近跟大家之間的距離。

新學期開學，阿俊老師又要再次跟全新面容的學生相處，為了讓彼此相互了解，開學第一天，阿俊老師請學生寫出：「你的優點是什麼」，但台下學生一片鴉雀無聲，沒人拿出紙筆。

阿俊老師見狀，說道：「各位同學，敘說優點，不是要你們自我感覺良好喔！也不是要你寫我的優點是放屁很大聲、很響，這是把你的快樂建築在別人的痛苦上，不叫優點；或是能夠把鼻屎彈得很遠，這也不是優點喔！」

這些話一說出來，全班學生大笑不已，原本緊張陌生的關係馬上破解，同學們終於心甘情願拿出紙筆，開始寫下他們的優點。

●下對上管理的大學問

一位知名的大學教授，有天心血來潮，請研究班的學生寫文章，題目是：「長大後要做什麼？」並要求學生寫完後，每個人必須上台講述自己寫的文章內容。

A學生說：「長大後，我要當張忠謀第二」；B學生說：「我長大後一定要超越郭台銘」；C學生說：「我要做發明家，造福人群」；其中只有阿妙跟其他學生闡述的光明未來完全不同。

阿妙一上台就說：「畢業後就業，我打算要去賣帽子。」在所有學生一片訝異與不屑的眼神中，教授忍不住出聲說話，大聲斥責阿妙說：「賣帽子有什麼前途？現在都什麼時代了，還在賣帽子，虧你還是我的學生！」

阿妙以不變應萬變，冷靜的回應教授：「老師，在您的指導下，我認為未來不論從事什麼行業都一定可以做到頂尖，因為我的老師是您，我就有成功的把握。」

教授一聽，當場心花怒放，開心地連說：「好！好！好！那就祝你賣帽子成為世界第一。」

阿妙心想：「哈！我已經成功賣出一頂了！」

大家都愛聽好話，尤其是社經地位越高的人，所以學生想要博得老師的好感，下屬想要贏得長官的關愛，最經典的方式就是拍馬屁和戴高帽，這會讓上層對你留下深刻印象；同樣的，它也適用在所有下對上管理的模式，但我們不會稱它是阿諛奉承或是拍馬屁等，這幾個形容詞都過於負面，事實上只要使用得當，對上對下彼此都會感到舒服，我們稱它為「對上管理方式」。

把對上管理換個正面的用詞就是「對上讚美」，在前面的章節裡，提到過不少讚美的戰術策略，都適用於對上管理，像是反差讚美法。

什麼是反差？套用電視「人工美女卸妝前後」的節目內容，讓觀眾先看藝人上妝後美美的模樣，然後再請藝人把妝卸掉，看看他們的素顏長成什麼樣子，這就叫做反差。

有一回，阿妙恰巧在學校走廊遇到他心儀的張老師，終於有機會親口對老師表達她的崇拜之情，阿妙心想，我一定要來點不一樣的。

阿妙對張老師說：「老師，您的課上得非常精采，可是聽你的課有一個很大的缺點……」阿妙就此閉口打住，瞬間沉默下來，張老師緊張地問她：「我有什麼缺點？你儘管說沒關係！」

阿妙繼續說：「因為您會讓學生的身體不健康。」張老師一聽更加疑惑。

這時，阿妙娓娓解釋：「老師您的課太精采了！我擔心如果突然去上廁所，錯過哪一部份，豈不是很可惜，害我只好一直憋著，足足兩個鐘頭都不敢去上廁所。」

張老師聽後非常高興，同時對阿妙留下深刻印象。

阿妙的做法就是利用反差讚美法，同時又把話說到對方的心坎裡，這才是最高境界的讚美方式；此外，還要聽得懂上級說的話，抓對上級的想法，這也是屬於對上管理的範疇。

張經理是公司新來乍現的空降主管，部門裡的同事都喜歡他，但不知道是不是因為自己是空降主管，令他始終覺得忐忑不安，和下屬無法輕鬆相處。

阿德看出張經理不安的情緒，有一天開完會後，主動跟張經理說：「經理，從您領導我們這個部門後，我就感覺很擔心……」張經理大驚，心想：「看來，部門的同事真的對我有異議……」，但他試圖維持鎮定並詢問阿德：「為什麼？」

阿德裝成故弄玄虛狀，附耳小聲地告訴張經理說：「我擔心我們業績太好，會被別的部門嫉妒」；這時，張經理恍然大悟，部門同事都很挺他，反而是自己顧慮太多。

當張經理卸下心防，與部門同事感情越來越好之際，業績自然跟著越來越好，而擅於察言觀色的阿德更因此成為張經理倚重的左右手。

阿德不過只是拐個彎稱讚主管領導有方罷了，假如他是採用直接誇讚的方法，在張經理還存有心防的狀態下，恐怕效果不彰；只是話鋒轉個彎，反而讓張經理卸下心防，聽進阿德對他說的話與讚美，從而得到加乘作用。

切記，任何讚美的方式都不能常用，常用就會變得矯情，甚至讓人覺得你在拍馬屁，所以要適度拿捏。

●上對下服眾的話要怎麼講

主管梁經理今天一進公司，便召集所有人到會議室開會。

正當大家以為公司要宣佈什麼大事時，梁經理上台卻說：「今天召集大家來到這裡，是希望給小鄭加油的掌聲，因為昨天他在地上看到一灘水，那時，打掃人員還沒到來，我看到他不是選擇視而不見的走過去，而是進廚房拿起拖把，把地拖乾了！這種行為讓我很感動，所以我要在這裡表揚他。」

被當眾表揚的小鄭，從此死心塌地為梁經理賣命！小鄭沒料到，向來高高在上的梁經理，會注意到他所做的小事，他感到受寵若驚。

主管對下屬要怎麼講話，祕訣就在揚善於公堂，歸過於私室，好的事情要在公開場所講、要立刻講，如此一來，就會有拋磚引玉的效果，並讓其他人效法。

如果必須責罵屬下，就要在沒有旁人時，一對一「面對」。如果主管選擇顛倒處理，好事一對一講，屬下做錯事卻當眾公開講，肯定大失人心，以後屬下只會陽奉陰違，不可能創造好的業績；想像一下，如果主管當著同事的面數落你：「交代的企劃案怎麼還沒弄好，到現在已經過了三個禮拜了，你到底會不會辦事！」這時，你的心情會怎樣？

另外，想要擄獲人心，主管一定要記住屬下的名字，記人名太重要了，尤其地位越高的長官，如若能清楚記住下屬的名字，情況更好，屬下一定會銘記在心，認為自己受到主管的重視，所以要做得更好。

最後記得，功勞要歸給屬下。

某位知名管理學家曾提過，「功勞歸給屬下」是屬於第五級的領導人，就是把功勞歸給別人，如是做法，屬下將會更佩服你，這又叫做「鏡子與窗外理論」。

所謂「鏡子與窗外」是指：不好的領導人，當屬下做了好事時，他會看著鏡子洋洋得意地說，這都是我的功勞；當屬下做不好時，他就看窗外對著屬下說，都是你們的錯；相反的，好的領導人是屬下把事情做好時，他會告訴屬下說：你們真棒，這些事沒有你們，我根本完成不了；屬下做不好時，他則是看著鏡子說：這都是我的錯，苛政猛於虎，是我害他們績效差，是我做得不夠好。

小李是個腦筋優秀但難以管教的屬下，讓梁經理頭痛不已。

有一天，梁經理正在批閱公文，大老闆突然怒氣沖沖衝進辦公室，大聲質問小李：「你為什麼沒有簽成這件 case？」

看到小李一臉挫敗樣，垂頭喪氣地聽著大老闆的斥責，梁經理了解事情原委後，謙恭地走到大老闆面前，對大老闆說：「對不起！這都是我的考量，是我跟屬下說，不用盡全力，沒關係！因為我覺得萬一盡全力，讓公司有所損失就不好，倒不如先讓這件事撤回來琢磨琢磨，我也已經有了新想法，待大家開會決議後再做裁決，對公司反而比較有保障，所以這是我的錯，是我要他這麼做的。」

由於梁經理是大老闆信任的幹部，加上梁經理已將處理這件事的因應對策提出來，大老闆也得到他要的結果，自然就不再刁難小李，小李從此對梁經理敬佩得五體投地，忠心耿耿。

當屬下發生小錯誤，身為主管的人願意擔負起責任，一方面讓大家不致被上司唸得那麼慘；另方面偶一為之，也不會有太大損失，極可能因為主管肯為部屬出頭扛責任，而令部屬願意為你赴湯蹈火做到死；特別是平時不服膺你的那些屬下，更要幫他出頭。

戰國時代，著有《吳子兵法》一書的衛國左氏人吳起，擔任大將軍期間，跟下等的士兵穿一樣的戰袍，吃同樣的伙食，睡覺不鋪墊褥，行軍不乘車騎馬，親自背負捆紮好的糧食和士兵們同甘共苦。

某一天，有個士兵生了惡性毒瘡，吳起替他吸吮膿液。這個士兵的母親聽說後放聲大哭。

有人問她：「你兒子只是個無名小卒，將軍竟然親自替他吸吮膿液，妳怎麼還哭呢？」

士兵母親回答說：「不是這樣的，當年吳將軍也是如此替我丈夫吸吮毒瘡，從此，我丈夫就為他出生入死賣命，在戰場上勇往直前，後來戰死在沙場。如今，吳將軍又替我兒子吸吮毒瘡，我就知道這個兒子又快要不見了，不知他未來會戰死在什麼地方，因此我才哭啊！」

看到這位母親的擔心與難過，就表示吳起將軍所做行為，已經令他的部屬感動到不行，不要說就此跟他出生入死的賣命，甚至連命都屬於將軍的了！

當時空背景換到現代，雖然不用到戰場殺敵，但商場如戰場，要如何培育一批對你鞠躬盡瘁，死而後已的工作夥伴，自然要像吳起將軍一樣，做到令下屬感動。

說話技巧 MEMO紙

搜尋上下關係的關鍵字：對上對下都要讚美，但任何讚美的方式都不能常用，太常用就會變得矯情，變成拍馬屁了！

第四種關係法則

平行關係篇

●同事與朋友之間，要怎麼說？

小秦和小黃是同一家房仲業的同事。

小秦業績長紅，一直是公司裡的紅牌業務員，讓小黃看了眼紅、打從心底排斥他。

有一天，有位客戶打電話來投訴小黃，小黃被主任叫到辦公室大罵一頓，主任甚至打算要小黃捲鋪蓋走路，沒想到，小秦這時候卻跳出來幫小黃講話。

小秦說：「主任，那件事是我做的啦！當時小黃沒空接電話，是我沒搞清楚狀況，主動在電話裡替他把事情擋掉。歹勢！歹勢！對不起啦！」

小秦是公司裡的紅牌人物，主任拿他沒輒，後來，這件事就這樣不了了之，這事之後，小黃對小秦另眼相待，從此再也不說小秦的壞話了。

這個橋段，電視劇經常上演，想要經營同事和朋友之間的關係，的確需要下一番工夫；小秦的案例雖然成功！但如果今天你是小秦，請記得凡事一定要低調，否則「樹大招風」很容易引起其他同事嫉妒，甚至日後招惹綿延不絕的小人。

職場上，小人是既可怕又易於蔓延的生物，倘若這些人對你發出眼紅、嫉妒的訊息，不時虎視眈眈地想抓你的把柄時，你在公司的地位就岌岌可危，很難坐穩，每天都得過著小心翼翼，提心吊膽的日子，何苦來哉？

此外，跟同事相處，盡量不要無聊到成天談論別人家的八卦，如果你有這種壞習慣，請記得，無論你怎麼「神不知鬼不覺」的講，這些話終有一天還是會傳到對方耳裡；換句話說，如果你不希望別人知道那件事，唯一的方式就是都不要講。

小范跟小林在公司裡是交情深厚的同事。

有一天，小范跟小林閒聊時說：「我猜，小藍常說他的女兒生病、氣喘，經常請假，把工作推給別人，我看他根本是在摸魚吧！」小范和小林因為感情特別好，什麼話都敢隨便胡謅瞎扯。

直到有一天小范和小林為了升遷的事吵架，小林居然跑去跟小藍說：「小范常跟我說你很懶，喜歡摸魚，甚至還常批評你的能力不怎麼樣，他跟你的交情，只能算是表面功夫而已！」

小藍聽聞後，心裡很不是滋味，不但就此疏遠小范，連關係著升遷的『人緣票』也不投給他了！

防人之心不可無。朋友或同事之間有個必須注意的禁忌，千萬不要在A的面前講B的壞話；所謂的壞話包括，「你什麼事都做不好，我跟你講過幾次了，同樣的錯誤不斷重複，就跟B一樣。」這是非常不好的示範。同理可證，A心裡會想，你在我面前講B的壞話，會不會哪一天也同樣在C的面前講我的壞話。久而久之，朋友變得越來越少，那是因為犯了在背後說人壞話的大忌。

●老闆對客戶要怎麼說

法國知名影帝傑哈德巴狄厄來到台灣宣傳電影，下榻在亞都飯店，由於平日都有慢跑習慣，這一次竟然忘記帶慢跑鞋過來。

影帝不好意思地請求當時任職亞都飯店的副總經理范希平，為他選購一雙慢跑鞋。范希平親切表示樂意幫他購買，並詢問他鞋號的尺寸。

時間已經很晚了，體育用品店大都已經打烊，這個任務讓范希平很苦惱，他想不出來這時候要上哪裡幫這位遠道來的貴賓買鞋？突然靈機一動，他想到士林夜市的小販應該還沒收攤，於是二話不說，馬上跑去士林夜市，同時還不忘幫他挑選歐洲人偏愛的品牌與顏色，並向店家確認幾點收攤，以防萬一不合腳，還能拿來更換。

當范希平將慢跑鞋拿給傑哈德巴狄厄時，影帝異常感動。據悉，傑哈德巴狄厄臨走前，在貴賓簽名簿上寫下：「我從來沒有住過這麼好的飯店，留給我很多美好的回憶。」

這份感動，會不會讓這位影帝下次來台時，將之列為住宿的首選？會不會呷好倒相報（台語）呢？一定會啊！這是「感動行銷」的時代，讓客人滿意已經不是最主要的了，令客人感動才是服務的最高境界。

不過，在達到最高境界之前，基本的「待客之道」一定不能少。首先，二話不說、該做就做、笑臉迎人，都是免不了的。但笑臉迎人之後的下一步，該是如何

「親善」的招待顧客，這是身為服務人員或老闆必須拿捏得宜的智慧。

顧客最討厭兩種店員：第一種是一進店裡面就亦步亦趨跟在顧客身後的店員，一直對顧客叨念「幫您介紹」，顧客拿A貨，他就說，這個很適合您喔！顧客拿B貨，他又說，這樣東西還有其他顏色！這種服務方式會讓顧客感到不耐。

第二種店員則又表現極端，顧客走進店裡被當成隱形人，店員看也不看一眼，一句話也不說，這會讓顧客感到不被重視。

最佳的待客之道是什麼呢？當顧客走進店裡，店員應該笑臉迎人地說：「歡迎光臨，喜歡哪一件都可以試穿喔！需要介紹的話，請隨時跟我說。」這種說詞不但可以讓顧客感覺受到重視，同時讓客人輕鬆愜意地享受逛街購物的樂趣。

當顧客逛完卻不買時，該怎麼做？店員和老闆應該懂得「背影銷售法」，即便成交不成，也要留給顧客好印象；這時，您只需親切的說：「歡迎下次再度光臨！」一樣有機會留住顧客真的「再次光臨」。

有一次，麗麗和美美在火鍋店裡點蛋餃，等蛋餃上桌後，又加點一盤凍豆腐，沒想到服務生居然口氣不悅的回應說：「你們可不可以一次點完？」

如果是你，聽到這樣的回答，心情會如何呢？當然會不舒服，麗麗和美美同樣感到不悅的回答：「那就不用加點了！」

你知道為什麼亞都飯店的回宿率達六、七成嗎？那是因為亞都飯店細心的服務，讓客人安心、放心！

曾經聽朋友轉述他們在亞都飯店住房的經驗，A君說，服務人員都能如數家珍的記得顧客上一次、這一次，每一次的需求！B君說，從泊車的小弟到打掃房間的阿桑，都做到親切問候，甚至馬上喊出客人的姓氏，「黃先生，你好！」『黃先生，吃過午餐了嗎？」

有一回，聽說有住房的客人想吃臭豆腐，怎麼辦呢？一般飯店可能回答客人：「不好意思，我們沒有！」但亞都的服務人員卻回答：「很抱歉！我們沒有臭豆腐，但請您稍等一下，我們馬上幫您去買。」能做到讓客人「感動」的服務，才是一百分。

●與客戶聊天時該說什麼

小彭是一位保健食品的業務員，最擅長的說話術，便是藉由跟客戶聊天打動人心、談成生意。

某天下午，他來到一戶高姓人家拜訪，寒暄之後，小彭先跟高太太閒話家常，大約二十分鐘後，小彭從聊天中得知，高太太相當注重健康，以及家中長輩罹患癌症等訊息，後來，小彭把話題扯到塑化劑事件上。

提起這個話題，高太太顯得特別義憤填膺，感慨商人喪盡天良；小彭順著話題，慎重其事地告訴高太太：「大姐，現在黑心食品太多、不重道德的商人也多，使得不少有毒物質潛藏在我們生活周遭，只是，目前還沒被爆出來而已……」他接著又說：「既然避無可避，無法完全避免有毒物質吃下肚，就應該換個思維，想辦法把體內的毒素排出去，這就是所謂的『預防醫學』，不要等到生病後才開始保養，或是等到毒素累積到爆發點後再來處理，這都不是辦法！」

小彭的一番話喚醒高太太的危機意識，當場加入小彭的保健食品購買客戶群。

有一個保險業的行銷高手，曾透露他成功的祕訣，就是透過聊天方式發掘對方的需求，同時找出與客戶之間的共鳴點，藉以拉近距離，好比「投其所好」的技巧等。

再來，當你想談成生意，建議把聊天擺在前面，做生意擺在後面；這就牽涉到如何講客套話的技巧，需要先觀察與聆聽，採用「請教哲學」會是不錯的開始；接下來，如果已經開啟話匣子，繼續聊下去，當上一秒相談甚歡，下一秒也許對方就會告訴你，保單買了。

成功的業務人員必須懂得提問題，從主問題延伸出子問題，甚至子子問題，至少要跟對方聊兩到三個相關的連鎖問題，再想辦法從延伸出去的子問題，一步一步拉近到主要的目的，這才是不著痕跡的成功銷售術。

●客人對老闆要怎麼說

小彭天生一張業務嘴，就連買東西也不例外。

有一天，他在回家途中，順路來到三重一家服飾店幫老婆買衣服，一進店家，小彭就對老闆嚷著：「自從上回買過你們家的衣服後，我老婆就再也不習慣買其他家的衣服穿了，今天老婆執意要我繞路過來買，本來我不想過來的（唉……嘆一口氣），但是老婆硬坳我，沒辦法，她說，她就是喜歡你們家衣服的樣式。」

老闆聽得滿心歡喜，不但給小彭折扣，還加送贈品，讓他帶回去給老婆試用，真是一舉兩得！

小彭刻意強調他遠到三重來買衣服的「不方便」講給老闆聽，又刻意把老婆誇獎老闆的說法轉述讓老闆知道，難怪老闆會感動，龍心大悅，不但降價，還送贈品，這可是說話的技巧。

有一回，小彭全家十來個人到一家牛排館用餐，偏巧小彭的老婆吃素，牛排館的菜單沒有素菜，只好選擇海陸套餐，讓老婆吃魚，小彭詢問老闆：「可否將海陸套餐換成全魚？」

老闆說：「我們從來沒有這樣做過！」

小彭開始跟老闆過招了！他拍胸脯跟老闆說：「老闆，你看我今天帶這麼多人來，我是很重視『奇摩子』的人，我們常辦家庭聚餐，如果今天老闆讓我們有物超所值、賓至如歸的感覺，以後一定會常常過來。」

老闆看到小彭帶來那麼多人，話又說得那麼肯定，便很識相地說：「好吧！今天破例，請廚師特別為你們料理。」但小彭要說的話還沒結束，他繼續測試老闆的應變，又說：「上回聽朋友說，你們的魚切得有點薄，這一次，我們把兩百多元的肉換成魚，要多給我們幾片喔！」

後來，當海陸套餐端上來時，三大塊魚片，讓小彭的老婆與孩子一起吃都吃不完，他們當下決定下次會再來這家餐廳用餐。

不是所有的客人都喜歡貪小便宜，但如果店家願意多給顧客一些好處，客人自然開心；因此身為老闆要懂得察言觀色，略施小利，對招攬客人作用很大；換句話說，老闆的小動作，對於討客人歡心或讓客人不開心都會造成莫大影響。

●跟老闆議價時要怎麼說

阿霞到夜市逛街，相中一件三千元的衣服，她開始動腦筋準備跟老闆殺價。一開始，她先試探殺價空間：「老闆算便宜一點啦！」老闆老神在在，輕鬆應答：「好吧！算妳兩千八好了，很便宜了啦！」阿霞覺得老闆沒有誠意，減價減得太少了，便出招跟老闆說：「唉喲！還是太貴了！我沒有這個預算……」同時作勢裝成準備離去的模樣，老闆連忙拉住她，反問阿霞：「那妳要出多少？」

阿霞竊喜，心裡邊偷笑邊想：「哈！中了！」她暗自盤算了對折價，然後面帶無辜狀地提出很離譜的價格：「那……算一千五吧！」

老闆大叫說：「唉喲，妳也太猛了吧！頂多給妳兩千三……」賓果，阿霞立刻省下七百元。

跟老闆議價是需要技巧的。

當你遇到需要議價時，對方請你先出價，一定要提出離譜的超低價；換句話說，遇到出價時，最好先請對方出價，你再出手，這樣比較容易瞭解底價何在；如果真要你先出價不可，一定得提出離譜的價格，再行論價。

例如有行無市的物品，像玉珮、古董、畫作等，更需要小心謹慎，建議你最好先在市場詢價，或是多比較幾家後再行決定購買與否，才不致上當吃虧。

另外，還有「買一送一」的戰術，就是當你想購買價格較高的商品時，不妨請朋友一起前往，利用議價時，搬出朋友當作談判籌碼，對銷售人員說：「我的朋友最近也想買車……」這時候，再請業務人員多少給個折扣價，這招十分有效！

議價時請先營造自己是具有產值能力的顧客，老闆才願意降價「投資」你。

說話技巧
MEMO紙

搜尋平行關係的關鍵字：如果你是從事服務業的朋友，請記得常把「請」、「謝謝」和「對不起」三句箴言掛在嘴邊。

後記

上過價值超過百萬元的四堂課，你學到了什麼？

● 會說話的老師讓學生如沐春風「授業解惑　無往不利」

不會說話的老師讓學生了無趣味「一知半解　自毀前程」

● 會說話的學生讓老師記憶深刻「疼愛有加　用心栽培」

不會說話的學生讓老師刻意冷淡「袖手旁觀　頭痛不已」

● 會說話的老闆讓客戶甘心樂意「自掏腰包　免費宣傳」

不會說話的老闆讓客戶滿懷憤怒「僅此一次　關門大吉」

● 會說話的顧客讓老闆滿心歡喜「降價加贈　達到雙贏」

不會說話的顧客讓老闆相當無奈「堅守底線　兩敗俱傷」

●會說話的男人讓女人「小鹿亂撞　歡天喜地　以身相許」
不會說話的男人讓女人「一見你就討厭　再見你更傷心」

●會說話的女人讓男人「服服貼貼　不敢亂來　天長地久」
不會說話的女人讓男人「火氣很大　始亂終棄」

●會說話的長官讓部屬「唯命是從　肝腦塗地　至死忠心」
不會說話的長官讓部屬「陽奉陰違　暗箭傷人　絕不相挺」

●會說話的部屬讓長官「龍心大悅　刻意提攜　加薪封爵」
不會說話的部屬讓長官「相當不爽　打入冷宮　永難超生」

●會說話的人一生總是「逢凶化吉　左右逢源　貴人不斷」
不會說話的人一生總是「印堂發黑　一事無成　小人纏身」

說話十誡

1 狀況不明時多聽少說
2 心情或精神不好不說
3 饒恕別人的話馬上說
4 讚美鼓勵人的話常說
5 寒暄的話要得體的說
6 教訓人的話委婉的說
7 氣話請忍耐三天再說
8 狠話請溫柔笑笑的說
9 笑話請看人看場合說
10 實在不會說別硬要說

30 秒，打動人心說話術

作　　者　梁金梅、黃正昌
文　　字　陳翌函
美術設計　陳佩君（優克居）
企畫選書人　賈俊國

總 編 輯　賈俊國
副總編輯　蘇士尹
編　　輯　高懿萩
行銷企畫　張莉榮・黃欣・蕭羽猜

發 行 人　何飛鵬
法律顧問　元禾法律事務所王子文律師
出　　版　布克文化出版事業部
台北市中山區民生東路二段 141 號 8 樓
電話：(02)2500-7008　傳真：(02)2502-7676
Email：sbooker.service@cite.com.tw
發　　行　英屬蓋曼群島商家庭傳媒股份有限公司城邦分公司
台北市中山區民生東路二段 141 號 2 樓
書虫客服服務專線：(02)2500-7718；2500-7719
24 小時傳真專線：(02)2500-1990；2500-1991
劃撥帳號：19863813；戶名：書虫股份有限公司
讀者服務信箱：service@readingclub.com.tw
香港發行所　城邦（香港）出版集團有限公司
香港灣仔駱克道 193 號東超商業中心 1 樓
電話：+852-2508-6231　　傳真：+852-2578-9337
Email：hkcite@biznetvigator.com
馬新發行所　城邦（馬新）出版集團 Cité (M) Sdn. Bhd.
41, Jalan Radin Anum, Bandar Baru Sri Petaling,
57000 Kuala Lumpur, Malaysia
電話：+603- 9057-8822　　傳真：+603- 9057-6622
Email：cite@cite.com.my
印　　刷　韋懋實業有限公司
二　　版　2022 年 06 月
售　　價　380 元
ISBN ／ 978-626-7126-38-7
EISBN ／ 9786267126400 (EPUB)

城邦讀書花園
www.cite.com.tw
布克文化
WWW.SBOOKER.COM.TW

布克文化
WWW.SBOOKER.COM.TW